도법 스님의

신심명 강의

도법 스님의

신심명 강의

도법 지음

불광출판사

미움, 좋음 하는 차별심이 없으면

구름 한 점 없는 하늘처럼 무사태평하네.

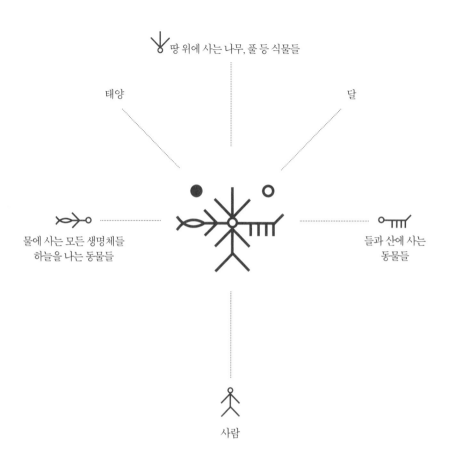

땅 위에 사는 나무, 풀 등 식물들

태양

달

물에 사는 모든 생명체들
하늘을 나는 동물들

들과 산에 사는
동물들

사람

인드라망 무늬는 우리 모두의 인생 화두인 지금 여기 나의 참모습에 대한 일반적인 그림 설명
입니다. 불교적으로는 인드라망 무늬, 조계종단은 삼보륜, 원불교는 일원상, 일반 대중은 생명
평화무늬라고 합니다. 그물의 그물코들처럼 연기적으로 이뤄진 존재이기에 분리독립, 고정불
변한 그 무엇도 있지 않고 온통 관계와 변화로 존재한다는 의미입니다.

인드라망 무늬의 제일 아래쪽은 지금 여기 나(인간)입니다. 오른쪽이 네발 달린 짐승이고, 왼
쪽이 날짐승과 물짐승입니다. 사람 머리 위쪽이 나무·숲·식물이고, 붉은 원형은 해, 하얀 원형
은 달입니다. 인간이 의도적으로 만들어낸 관념에 물들기 이전의 본래청정한 우주 삼라만상
의 인간과 사회, 그리고 인위적 관념에 물든 이후의 우주 삼라만상의 인간과 사회가 그물코처
럼 불일불이의 총체적 관계로 존재하고 있음을 단순화시켜 표현했습니다.

나의 고백, 〈신심명〉과의 인연
없었다, 내가 생각하는 그런 깨달음

"법의 창고 여는 진언

　여래의 진실한 뜻 참되게 알아지이다.

　옴 아라남 아라다 옴 아라남 아라다 옴 아라다 아라다."

《천수경》

불교인들이 시시때때로 간절하게 염원하고 또 염원하는 오래 된 미래의 발원문이다. 붓다께선 "여래의 진실한 뜻을 참되게 알고 살면 그 삶이 대단히 멋있고 괜찮게 된다. 또는 깨달은 자, 완성자인 붓다의 삶이 이루어진다."라고 말씀하셨다. 그러므로 세계 불교 역사 이래 모든 사부대중 불자들은 '여래의 진실한 뜻'에 일치하는 불교 공부와 수행을 하고자 지극정성을 다해 정진해왔고, 지금도 하고 있다. 그리고 많은 성취들이 있었다. 그랬기 때문에 긴 세월 불교가 역사의 종교, 희망의 종교로 유지되어 왔다. 그런데 오늘날 우리 현실을 보면 왠지 부끄럽고 미안하고 우울하고 불안하다. 나를 비롯한 대다수 불교인들의 삶이 멋있고 의미 있고 괜찮은 삶, 완성자 붓다의 삶으로 나타나야 할 터인데 안타깝게도 그렇지가 않다. 오히려 사람들의 눈에는 아상(我相), 불교 수행자라는 자아도취, 독선적이고도 권위적인 모습으로 비추어지고 있음이 도처에서 확인되고 있다.

며칠 전 내 귓가에 꽂혔던 "불교는 좋은데 스님은 싫다."는 한마디가 저간의 사정을 잘 웅변해주고 있지 않은가 싶다.

무슨 비밀이 그렇게도 많은 것일까? 대문을 활짝 열어젖히고 "와서 보라."고 하신 붓다처럼 주체적으로 확고한 자신감, 그리고 충만한 보람과 자부심으로 빛나는, 겸손하지만 당당한 모습이 보이지 않는다. 사람들은 소박하고 소탈한 매력이 넘치는 불교 수행자를 만나고 싶은데, 그런 수행자를 만나는 건 하늘의 별따기라고 한다. '종교는, 불교는, 이제 끝났다'는 비탄의 비명 소리가 곳곳에 자자하다. 내 경험도 그렇지만 불교 공부와 수행을 하는 사부대중들로부터 거의 이구동성으로 '불교 공부와 수행이 너무 복잡하고 어렵다. 해도 해도 잘 모르겠고, 잘 안되고 힘들다. 어떻게 해야 할지 참으로 답답하고 막막하다.'고 하는 하소연을 듣는다. 그때마다 나는 죄인이 된 기분이다. 어찌해야 할까 하고 한숨 쉬며 먼 산을 바라보는 것이 요즈음의 내 모습이다. 왜 이렇게 되었을까? 어디 원인이 한두 가지이겠는가? 하지만 본질적인 핵심 원인은 매우 단순하다. 한마디로 요약하면 '여래의 진실한 뜻과는 동떨어진 자기 불교'를 해왔기 때문이다. 부연하면 불교 공부와 수행의 기본은 교학 – 이론 중심도, 참선 – 선정 중심도, 지계 – 계율 중심도 아니다. 굳이 이름을 붙인다면 합리적 의심에 합리적 답이 되는 "와서 보라. 바로 이해된다. 실현된다. 증명된다."라고 하는 중도 수행, 삼학 수행이다. 중도적으로 공부하고 수행하지 않았기 때문에 여래의 진실한 뜻을 놓치게 되었고, 그 결과 '교가 최고야', '율이 최고야', '선이 최고야', '초기불교가 최고야', '대승불교가 최고야' 하며 끊임없이 편을 갈라 갈등하고 다투게 된다. 그 과정에서 자기도 모르게 희론의 늪에 빠져 방향과 길을 잃게 되었다. 온갖 모순과 혼란 속에서 갈팡질팡 우왕좌왕하는 상황이 되고 말았다.

특히 요즈음 눈 똑바로 뜨고 바로 보아야 할 현상이 불교 수행의 다른 이름처럼 유행하고 있는 '명상' 바람이다. 대체적으로 그 유행이 마치 불교 미래의 희망처럼 생각하고 그에 편승하는 아전인수 격의 경향이 도도한 물결을 이루고 있다. 과연 그렇게 하는 것이 괜찮을까? 명상 바람을 주체적으로 참고하고 활용하는 것은 괜찮지만 그 선을 넘어 바람에 편승하는 것은 신중해야 할 일이지 않을까 싶다.

지난 여름 안거 때였다. 실상사 대중스님들이 뜻을 모아 공부 모임을 만들었다. 그 이름이 실상산중 '승가연찬'이다. 그때 선택한 첫 교재가 장경각에서 출판한 성철 스님의 '신심명 강설'이었다. 오랜만에 대중스님들 덕택에 〈신심명〉 공부를 하게 되었다. 자연스럽게 50여 년 전, 20대의 내 모습이 기억에 떠올랐다. 정확하진 않지만 〈신심명〉과의 첫 인연은 그 무렵 성철 스님을 모시고 해인총림의 강원과 선원에서 지낼 때 시작되었던 것 같다. 돌이켜보면 출가 본사인 금산사에 있을 때다. 어머님의 위독 소식을 전해 듣는 순간 '태어난 자는 반드시 죽는다'는 냉혹한 현실에 직면하게 되었다. 날고 뛰어봐야 7, 80년이면 죽음

으로써 모든 삶이 반드시 끝난다는 엄혹한 사실이 충격적으로
사무쳐왔다. 삶의 끝인 죽음은 천 길 낭떠러지로 추락하는 허
무의 심연으로 연결되었다. 무어라 형언할 수가 없었다. 인생이
참으로 부질없고 허무했다. '인생이란 무엇인가? 왜 살아야 하
는가?' 벼락처럼 날아든 인생의 실존적 물음의 절벽 위에 서게
되었다. 그 이유를 알 수도, 어찌해볼 수도 없었다. 천 길 절벽
위에 서서 살 길을 찾는 피눈물 나는 결투가 시작되었다.

'인생이란 무엇인가? 왜 살아야 하는가? 어떻게 살아야 하는
가?' 묻고 또 물었다. 조실, 방장, 선사, 강사, 율사이신 일타, 성
철, 자운, 구산, 서옹, 서암, 혜암, 법전, 지관, 법정, 우룡, 각성 스
님 그리고 선후배 도반들께, 동시에 이 경전 저 경전, 이 어록 저
어록, 이 법문 저 법문을 통해…. 결론은 "화두참선 해야 한다.
정중일여(靜中一如) 동정일여(動靜一如) 몽중일여(夢中一如) 오
매일여(寤寐一如) 돈오돈수(頓悟頓修) 확철대오(確徹大悟)를 해
야 해결된다. 이 길 말고는 다른 길이 없다. 이 밖의 어떤 길도
길이 되지 않는다."는 것이었다. 불법(佛法)은 너무 심오하므로
확철대오 해야만 알 수 있다고 했다. 그러므로 '진리는 어려울
것이 없다'는 〈신심명〉을 만났어도 아예 저 구석으로 밀쳐놓고
쳐다보려고도 하지 않았다. 오로지 확철대오의 유일한 길인

참선에만 골몰했다.

십수 년의 세월이 흘렀다. 나름 끙끙거리며 몸부림쳤지만 불안감과 초조함 속에 몸과 마음만 지치고 병들어 갈 뿐이었다. 처음과 과정과 끝 지점인 그날까지 짙은 안갯속 그대로였다. 말 그대로 절망이었다. 나만 그런 것인가? 선원에서 함께 정진하는 도반, 선배, 후배, 어른들도 말은 하지 않지만 대부분 비슷했다. 이 사실이 나에겐 더 큰 실망이었다. 고민 고민 끝에 선방 울타리 밖으로 나왔다. 그때부터 내 방식의 답 찾기가 시작되었다. 전통이고 권위고 그 무엇에든 구애받음 없이 이리 기웃, 저리 기웃했다. 그야말로 갈팡질팡 우왕좌왕이었다. 멋있게 말하면 구도행각인 셈이고 평범하게 말하면 한심스러운 방황이었다.

그야말로 시절인연 따라 갈지자걸음으로 오늘 여기까지 왔다. 그리고 〈신심명〉을 다시 만났다. 성철 스님의 '신심명 강설'을 읽는 동안 지난 2, 30대 때 기억들이 살아났다. '그랬지!' 하며 눈물이 핑 돌았다. "확철대오 하지 않으면 그 어떤 앎도, 그 어떤 역할도 다 소용없다. 그러니 한 생 안 태어난 셈 치고 죽기 살기로 참선에 집중해서 확철대오를 해야 한다."라고 강조하셨던 성철 스님의 카랑카랑한 목소리가 지금도 귓가에 쟁쟁하다. 오늘 읽어보니 고개가 설레설레 저어진다. 강설 내용에 대해 많은 부분이 이해도, 동의도 되지 않는다. '확철대오'라는 허수아

13

비 호랑이 앞에서 벌벌 떨었던 어린 시절의 내 모습이 한없이 초라하고 서글펐다. 만약 지금 성철 스님이 계신다면 많은 대화를 하고 싶다. "'돈오돈수·확철대오'는 내생으로 미루어 놓고 지금 바로 여래의 진실한 뜻에 일치하는 불교, '바로 이해, 실현, 증명'되는 불교가 무엇인지 듣고 싶습니다." 하고…. 늦었지만 '확철대오'라는 허수아비 호랑이 눈이 아니고 여래의 진실한 뜻인 '위대한 상식의 눈'으로 〈신심명〉을 공부하려고 마음먹었다. 상식적으로 조금만 진지하게 접근하면 '진리는 어려울 것이 없다'고 하는 〈신심명〉을 누구나 바로 이해, 실현, 증명할 수 있는 책을 만들려고 작심했다. 만일 이 책, 《신심명 강의》가 현장의 실제 삶과 연결시켜 바로 '이해, 실현, 증명'되지 않는다면 미련 없이 불살라야 옳다는 마음으로…. 뜻있는 사부대중 도반들의 허심탄회한 탁마(琢磨)를 기대한다. 여래의 진실한 뜻과 일치하는 공부와 수행을 위하여.

좀 어색하지만 정직하게 정리하고 싶다. 이미 적명 스님과 고우 스님도 저승길을 떠나셨다. 나도 따라가야 할 때가 목전에 와 있다. 더 머뭇거릴 일이 아니다. 오늘 이 자리에서 '붓다는 위대한 상식의 발견자'라고 정리한 내 관점을 차분하게 짚어본다. 확실한 것은 《망설일 것 없네 당장 부처로 살게나》라는 책을 출판한 그때부터 내가 비로소 불교 수행자의 길에 들어섰었구나 하는 판단이다. 물론 그 뒤로 출판한 《붓다, 중도로 살다》 그리고 《신심명 강의》 등의 책이 '여래의 진실한 뜻'에 크게 어긋남 없이 만들어졌다는 생각이 들어 한시름 놓았다. 그리고 《신심명 강의》는 경전, 어록 등 다른 문헌 자료들을 참고함 없이 오로지 현장의 실제 삶과 연결시켜 '누구나 바로 이해, 실현, 증명'될 수 있도록 한 내 나름의 해석이고 설명이다. 아마 틀림없이 글로만 읽으면 엉터리라고 할 터이고 뜻으로 읽으면 눈앞의 안개가 환하게 걷힌다고 할 것으로 본다. 끝으로 책이 되도록 애써주신 수지행, 정웅기, 법인 스님, 용묵 스님을 위시로 한 도반들 그리고 불광출판사 식구들에게 감사드린다.

2022년 여름을 앞두고
도법 손모음

신심명 강의

17

부록 _ 도법 스님의 수행 이야기

먼저 짚고 갈 것이 있네. 참된 진리, 중도실상, 있는 그대로의 참 모습은 말로 할 수 없는 것이네. 하지만 부득이하게 말로 하네. 불교를 깨달음(앎)의 종교라고 하네. 깨달음이 없는 불교 수행은 불교 수행이 아니네. 따라서 불교 수행은 깨달음(앎)을 추구하는 것이 아니고 실천하는 것을 뜻하네.

그렇다면 알고(깨닫고) 실천해야 할 내용이 무엇인가? 붓다는 '본래 있는 법'이라고 했고, 〈신심명〉에선 '지극한 진리'라고 했네. 그 진리는 그대의 참모습이기도 하고, 그대 삶의 방향과 길을 밝히는 등불이기도 하네. 그 토대 위에서 불교 수행의 문제를 정리해보겠네.

첫째, 삶의 방향과 길을 밝히는 등불인 '지극한 진리, 유아독존인 지금 여기 자신의 참모습'을 참되게 알아야(깨달아야) 하네.

둘째, 그 앎의 내용인 동체대비를 끊임없이 펼쳐지는 일상의 삶에서 매 순간순간 실천해야 하네.

셋째, 그렇게 되도록 하기 위해서는 알아낸 그 진리를 평소 정신 바짝 차리고 단단히 마음먹고 분명하게 기억해야 하네.

넷째, 인간은 몸과 마음으로 실천한 만큼만 만들어지는 존재이므로 알아낸 진리인 동체대비를 온전히 실천했을 때 비로소 자신이 희망하는 변화와 성장과 완성이 이루어지네.

다섯째, 깨달음(앎)이 온전하게 삶으로 무르익어 물 흐르듯이 펼쳐지는 상태를 붓다의 삶, 무상정각의 삶이라고 하네.

이것이 불교 수행의 기본이네. 이제 〈신심명〉에 들어가는 이야기를 시작하려네.

"부모의 삶이 자식에겐 운명이 된다."라는 말이 있네. 많은 사람들은 타고난 운명(전생죄업)이 따로 있다고 철석같이 믿고 사네. 조금도 의심하지 않네.

정말 그럴까? 실제는 어떨까? 그렇지 않네. 사람들이 철석같이 믿고 있는 운명이란, 삶의 실상에 대해 무지몽매한 사람들이 생각과 말로 만들어낸 것, 또는 사회적으로 형성된 것일 뿐이네.

〈신심명〉의 저자인 승찬 스님은 한센병 환자였네. 승찬 스님이 살던 시대에, 한센병은 '천형(天刑)', 사람으로선 어찌해볼 수 없는 원죄이기 때문에 하늘이 내린 벌이라고 여겼네. 그 정체를 알 수 없지만 죄의 크기가 말로 표현할 수 없을 정도로 어마어마하기 때문에 그 죗값으로 하늘에서 내려온 벌이 '한센병'이었다는 이야기이네.

그러므로 한센병 환자는 함께하거나 가까이해서는 안 될 저주받은 존재였네. 사람들 눈에 띄면 저주하고 쫓아내고 학대하고, 심지어는 때려죽여도 죄가 되지 않는다고까지 여겨졌네. 병이 들면 집에서도, 고향 마을에서도 살 수가 없었네. 이 세상 그 어느 한구석에도 발붙여 살 수 있는 곳이 없었네. 맞아 죽지 않으려면 숨어서 도망 다니며 살아야 했네.

그런 승찬 스님이 스승인 혜가 스님을 찾았네.

"제자는 한센병을 앓고 있습니다. 화상께서 저의 죄를 참회케 하여 주십시오."

"그대는 그 죄를 내게 가져오게. 내가 그 죄를 참회시켜 주겠네."

"죄를 아무리 찾아도 찾을 수가 없습니다."

"그렇다면 그대의 죄는 이미 모두 참회되었네."

승찬 스님과 혜가 스님의 대화 내용이네. 기록된 내용은 매우 단순하네. 하지만 실제 상황과 그 의미는 결코 단순하지 않네. 짧은 말 속에 많은 내용이 압축되어 있네. 뜻을 제대로 이해하려면 대화 내용을 중도(中道), 있는 그대로의 사실을 꼼꼼하게 탐구해봐야 하네.

① 승찬 스님은 "큰스님, 제가 한센병 때문에 힘들어 죽겠습니다. 스님의 도력으로 얼른 이 고통을 해결해주십시오." 라고 요청하고 있지 않네.

② "하느님이 벌을 내려 나로 하여금 고통과 불행의 지옥으로 빠져들도록 만드는 원죄를 참회, 소멸케 해주십시오." 하고 요청하고 있네.

③ "몸이 아프고 사람들이 학대하는 문제는 어떻게든 견뎌보겠는데, 하늘이 벌을 내리는 그 원죄는 내 힘으로 어떻게 할 수가 없습니다. 부디 큰스님께서 해결해주십시오." 라고 했네.

④ "그래, 그럼 그대를 고통스럽고 불행하게 만드는 그 전생의 원래 죄업을 갖고 오시게. 내가 해결해주겠네."

⑤ "원래 죄업의 정체를 아무리 찾아도 찾을 수가 없습니다."

⑥ 왜 못 찾을까? 어딘가에 분명히 있는데도 승찬 스님의

노력과 능력이 부족해서 못 찾는 것일까, 아니면 토끼 뿔, 거북 털처럼 생각과 말로만 있고, 실제로는 없는 것이기 때문에 못 찾는 것일까?

중도, 바로 증명되도록 있는 그대로 잘 보세.

㉠ 벌을 내리는 신비한 하늘이 어딘가에 있는가? 지금까지 밝혀진 바에 의하면 그런 하늘은 없네.

㉡ 벌을 내리는 하늘이 없으면 그가 벌을 내린다는 원래 죄업도 생각과 말로만 있을 뿐, 실제로는 없는 '토끼 뿔, 거북 털'인 것이네.

㉢ 고통과 불행의 원인인 줄 알고 벌벌 떨게 했던 원래 죄업이라는 것도 '토끼 뿔, 거북 털' 같은 허수아비인 셈이네.

㉣ 원죄는 생각과 말로만 있고, 실제로는 없는 것이 확실하네. 신비한 삼매, 신비한 신통, 신비한 깨달음의 경지에 들어갔다고 하는 부처님 또는 도인이라면 찾을 수 있을까? 당연히 찾지 못하네. 왜 못 찾을까? 생각으로만 있고 실제로는 없는 것이기 때문이네. 없는 것을 어떻게 찾을 수 있겠는가. 못 찾는 것이 정상이네.

㉤ 승찬 스님이 찾을 수 없다고 답한 그 한 마디엔 철석같이

믿고 있었던 '원죄'라는 것이 삶의 실상에 대한 무지와 착각으로 사람들이 조작해낸 허수아비에 불과한 것임을 알게 되었다는 뜻이네.

ⓑ 그러므로 혜가 스님이 바로 '죄가 모두 참회되었다'라고 매듭을 지은 것이네.

ⓢ 탐구한 내용대로 원죄가 무지와 착각에 빠진 인간이 만들어낸 것일 뿐 실제로는 본래 없는 것이 틀림없다면, 허수아비인 원죄 때문에 전전긍긍했던 승찬 스님과 난리법석을 떠는 사람들은 왜 그런 것인가. 결론적으로 말하면 마치 길에 놓여 있는 나뭇가지를 있는 그대로 알지 못하고 뱀이라고 착각하여 난리법석을 떨듯이, 자기 삶의 실상에 대한 무지와 착각이 낳은 편견의 신념에 사로잡힌 현상의 결과일 뿐 그 이상도, 이하도 아닌 것이네.

탐구하여 확인한 내용에 의하면 '한센병'은 정체를 알 수 없는 하늘이 내린 벌도 아니고, 원죄 때문도 아니었네. 그럼 무엇인가. 마치 '부모(사회)의 삶이 자식에게는 운명이 된다'는 말처럼 실제 나뭇가지를 뱀이라고 착각하여 '뱀이야, 뱀이야' 하고 난리법석을 떨 듯이 무지몽매한 너와 나, 우리가 실상에 대한 무지와 착각으로 만들어낸 주관적이고 사회적인 선입견, 편견의 병인 것이었네. 따라서 있는 그대로의 사실을 이해하고 인정하고 받아들이는 순간, 승찬 스님은 무지와 착각으로 조작된 '하늘과 원죄'라는 무시무시한 허수아비로부터 바로 자유로워지고 편안해졌네. 무지와 착각에 사로잡혀 호들갑을 떠는 삶을 되풀이하지 않게 되었네. 이제 기꺼이 당당하고 편안하고 자유롭게 열정적으로 삶을 살아갈 수 있게 되었네.

그렇다고 하여 무지와 착각에서 깨어난 깨달음(참된 앎) 이후의 삶이 절로 절로 편안하고 좋기만 할까. 그렇지 않네. 어쩌면 오히려 더 크고 좋은 마음을 내고 기꺼이 온몸을 바쳐 필요한 삶을 전력투구하여 살아야 옳네. "내일 지구의 종말이 온다고 해도 한 그루의 나무를 심겠다."라고 말하는 사람처럼. 그래야 마땅함을 온몸으로 보여준 역사적 증거가 붓다의 일생이네.

불교를 공부하고 수행하는 사람은

초기든, 대승이든, 선이든, 교든,

기본적으로 지금 여기 있는 그대로의 길인

중도연기의 태도와 사고방식으로 해야 한다.

당연히 〈신심명〉도 중도연기의 태도와 방식으로

공부해야 한다.

전통적으로 불교인들은 붓다와 스승들께서 펼치신 중도연기의
가르침을 공통적으로 '달 가리키는 손가락', '병에 따른 약 처방'
이라고 하였다. 뜻하는 바를 살펴보자. '손가락'은 정신 차려서
현장에 있는 봐야 할 달을 참되게 잘 보도록 가리켜주는 역할이

27

다. '약'은 정신 차려서 현장에 있는 병에 따라 적재적소에 맞게 잘 알고 쓰라고 깨우쳐주는 역할이다.

반드시 명심해야 할 것이 있다.

붓다가 알려주신, 우리가 잘 보고 알고 써야 할 '손가락과 약'이 있어야 할 곳, 사용해야 할 곳은 언제나 그대와 내가 살고 있는 지금 여기 삶의 현장이라는 점이다. 그러므로 불교 공부와 수행을 중도적으로 해야 한다는 말은 지금 여기 삶의 실상과 관계없이 '손가락과 약'인 경전 자료와 지식을 찾아 헤매는 일이 아니다. 그보다는 오히려 그 손가락과 약을 지금 여기 삶의 현장에 직접 적용해야 비로소 '배고플 때 밥 먹으면 즉각 해결되듯이' 바로 이해, 실현, 경험, 증명되는 공부와 수행이 된다는 뜻이다. '세수하다 코 만지듯이' 말이다.

반면 관성대로 습관화된 본인의 생각과 지식에 따라 '손가락과 약'인 온갖 경전 자료와 지식을 쌓아 올리는 방식으로 하면 어떻게 될까? 불 보듯이 희론이 확대 재생산되는 방향으로 전개된다. 우리의 소원인 '희론적멸(戲論寂滅)'은 영원히 불가능하다. 그야말로 업은 아기 3년 찾는 불행으로 빠져드는 것을 피할 수가 없다. 참으로 기가 막힐 일이다. 그렇기 때문에 붓다와 옛스승들은 불교 역사 2,700여 년 동안 일관되게 중도적으로 공부하고 수행해야 한다고 강조하고, 또 강조해온 것이다.

어느 날 누군가가 나에게 물었다. "모두가 보고 싶은 역사의 달인, 우리의 스승 붓다의 일생을 잘 알고 싶습니다. 그 달을 잘 보고 알게 해주는 대표적인 손가락과 약을 알려주면 좋겠습니다."라고. 나는 주저함 없이 '천상천하 유아독존(天上天下 唯我獨尊)'과 '삼계개고 아당안지(三界皆苦 我當安之)'라는 붓다의 탄생게가 최고의 손가락과 약이라고 답하였다. 탄생게의 '유아독존'은 지금 여기 현장에 두 발을 딛고 있는 그대와 나의 참모습을 직접 잘 보고 알고 살아갈 수 있도록 가리켜주는 손가락이다. '아당안지'는 그대와 내가 삶으로 살아내야 할 참모습의 내용이 대비원력임을 알려주는 약이다. 그가 누구이든 관계없다. 탄생게라는 손가락과 약이 뜻하는 바를 잘 파악하고 이해하는 것이 중요하다. 한 걸음 더 나아가 그 내용대로 그 어떤 조건도 구하는 마음 없이 기꺼이 사고하고 말하고 행동하고 생활하고 역할하는 것이다. 그렇게 하는 것이 바로 깨달음을 실천하는 불교 공부와 수행의 시작이자 중간 과정이자 결과의 모든 것이다. 소위 말하는 '초발심시변성정각(初發心時便成正覺)', 깨달음으로 살겠다고 하는 첫 마음을 일으키는 것이 바로 그 순간 정각의 삶을 이루는 것이라는 말과 같다. 그렇게 하면 그 자체가 깨달음을 일상의 삶이 되도록 실천하는 것이므로 그가 바로 불교 수행자 1호 붓다이다. 그 밖의 어떤 붓다도 따로 있지 않다.

신
심
명

강
의

깨달음은
어렵지 않다

◆

1
지극한 진리는 어려울 것이 없네.
오직 분리하여 가려냄을 꺼려할 뿐.

지도무난 至道無難
유혐간택 唯嫌揀擇

2
미움, 좋음 하는 차별심 없으면
구름 한 점 없는 하늘처럼 무사태평이네.

단막증애 但莫憎愛
통연명백 洞然明白

맨 앞 두 구절은 〈신심명〉의 총론이다. 뜻으로 잘 풀고 펼쳐서
정리해보자.

"중도실상의 형상인 인드라망을 있는 그대로 잘 보시게.
실상은 말로 할 수 없지만 부득이하게 말로 하네.
중도적으로 하면
있는 그대로의 참모습인 지극한 진리를
아는 것(깨달음)은 어려울 것이 없네.
오직 분리된 적이 없는 것을 분리시켜
취사선택하려고 하는 것(무지와 착각)을 꺼려 할 뿐
무지와 착각의 단견으로 조작해낸 미움, 좋음 하는
차별심만 내려놓으시게.
바로 구름 한 점 없는 하늘처럼 날마다 좋은 날 무사태평이네."

붓다의 탄생게가 지금 여기 우리가 봐야 할 '달'과 '병'인 인간
붓다의 삶 자체를 있는 그대로 보게 하는 손가락과 약이듯이
〈신심명〉 한 구절, 한 구절도 '손가락'과 '약'이다. 탄생게라는 손
가락과 약을 통해 신이 된 거룩하고 먼 존재로서의 붓다가 아니
라 내가 본받고 내 삶이 되도록 할 수 있는 인간 붓다의 참모습
을 알게 되었다. 더불어 삶을 당당하게 사는 길도 찾았다. 불교

공부와 수행이라는 차원에서 볼 때 더 이상 구하려고 애쓸 것이 없다. 탄생게와 같은 선상에서 〈신심명〉의 각 구절도 지금 여기 있는 그대로의 현장에 직접 적용하여 잘 이해하고 활용해야 마땅하다. 그렇게 접근하면 〈신심명〉을 중도적으로 공부하고 수행한다고 할 수 있을 터이다.

'지도(至道)', 참된 진리만이 삶의 희망이다. 예수께서 "진리가 너희를 자유롭게 한다."라고 하셨듯이 어느 누구에게도 희망의 필수조건은 '참된 진리'이다. 뭇 생명들 누구도 예외 없고 언제 어디서고 한결같다. 그렇다면 도대체 '진리'라는 말의 '손가락과 약'이 가리키는 '달과 병'은 어디에 있는 무엇일까?

일단 진리라는 말의 손가락과 약은 매우 사실적으로 지금 여기 현장에 있는 나의 참모습, 또는 그대의 참모습, 존재의 참모습을 있는 그대로 보라고 하고 있다. 일찍이 붓다와 스승들은 진리라는 말의 손가락과 약에 의지해서 있는 그대로 파악한 자신의 참모습을 '중도연기(中道緣起)', '유아독존(唯我獨尊)', '심외무법(心外無法)', '연기 공(緣起 空)', '법성원융(法性圓融)', '즉심즉불(卽心卽佛)', '본래붓다', '본래면목' 등으로 표현했다. 〈신심명〉의 '지도(至道)', 즉 참된 진리라는 손가락과 약에 의지하여 직접적으로 보고 알아야 할 달과 병 또한 지금 여기 나의 참모습임이 분명하다.

스스로에게 한번 물어보자. 실제적으로 나에게 가장 가까운 자, 소중한 자, 사랑하는 자, 풀어야 할 문제를 잘 풀어낼 자, 뜻한 삶을 잘 창조해낼 자가 누구인가? 바로 나 자신이다. 나에 관한 한, 나 이외의 모든 것은 제1이 아니라 제2, 제3에 위치할 뿐이다.

붓다의 말씀처럼 한번 중도적으로 짚어보자. 지금 여기 나는 어떤 존재인가? 나는 지금 여기 자연적인 인연화합과 인위적인 인연화합으로 이루어진 오온의 존재다. 나에겐 눈·귀·코·혀·피부·마음이라는 육근(六根), 여섯 기관이 있다. 그 여섯 기관은 언제나 항상 빛·소리·향기·맛·접촉·법(기억, 지식)과 마주하고 있다. 그리고 동시에 안식·이식·비식·설식·접촉식·의식이 인드라망, 그물의 그물코처럼 연결되어 있다.

있는 그대로 보자. 어느 그물코든지 하나를 들면 나머지 모든 그물코가 따라서 함께 움직인다. 그야말로 하나가 그대로 전체고, 전체가 그대로 하나다. 내가 그대로 우주이고, 우주가 그대로 나다. 그 어디, 그 무엇 하나도 분리되어 따로따로인 것이 없다. 내가 그대로 그대이고, 그대가 그대로 나인 셈이다. 보고 싶은가? 바로 볼 수 있다. 듣고 싶은가? 바로 들으면 된다. 말하려는가? 말하시라. 걸으려는가? 걸으시라. 그대 마음대로 하시라. 참으로 놀랍지 않은가. 말 그대로 진정 신비이고 기적이고 불가사의다. 무엇 하나 부족할 것도, 넘칠 것도 없다. 그야말로 충분하다. 원만구족하다. 알고 보니 나의 참모습이, 그대의 참모습이 참으로 완전하다. 신비하고 신비하다. 불가사의하고 불가사의하다. 이 세상 그 어디, 그 무엇도 이보다 더한 신비, 기적, 불가사의가 없다.

더 구체적으로 중도와 맥락을 같이하는 실사구시적 태도로 첫 구절을 다시 읽어보자. "참된 진리는 어려울 것이 없다."라고 하는 손가락과 약이 가리키는 우리가 봐야 할 달과 병은 어디에 있는 무엇일까. 그 밖의 한 구절 한 구절에 대해서도 같은 물음을 하게 된다. 똑같은 문제의식으로 "어려울 것이 없다."는 승찬 스님의 답변이 나온 정황을 사실적으로 짚어보는 것이 좋겠다.

어느 날 한 사람이 승찬 스님에게 찾아와 물었다.

"스님, 인생(참된 진리)이 무엇입니까? 삶(인생)이 왜 이렇게 힘들고 어렵습니까?"

스님이 답했다.

"인생의 실상, 삶의 실상, 지극한(참된) 진리를 참되게 아는 것(깨달음)은 어려울 것이 없네."

좀 더 들어가보자. 왜 승찬 스님은 "지극한 진리를 참되게 아는 것은 어려울 것이 없다."라고 했을까? 분명 그 당시에도 지극한 진리 또는 인생의 실상, 삶의 실상을 제대로 아는 것은 쉬운 일이 아니었을 것이다. 어렵다는 문제 제기도 적지 않았을 터이다. "다른 길이 있어야 된다.", "더 좋은 길을 찾아야 된다."는 요구도 빗발쳤을 것이다. 요즘과 별반 달랐을 리 없다. 하지만 승찬 스님은 매우 단호하고 명료하게 "진리를 아는 것(깨달음)은 어려울 것이 없다."라고 서두를 떼고 있다.

"진리를 아는 것은 어려울 것이 없다."는 말은 그 자체만으로도 의미심장하다. 도대체 '지극한 진리를 아는 것'이 무엇이길래 승찬 스님은 "어렵지 않다."고 했을까. 세상 사람들 모두가 이구동성으로 어렵다고 하는데 말이다. 도대체 어떻게 하면 어렵고, 어떻게 하면 어렵지 않을까 하는 강렬한 물음이 이어진다.

중도의 길을 가리키는 경전의 비유를 예로 삼아 찬찬히 생각해보자.

한 나그네가 새벽에 길을 가다 버려진 나뭇가지를 만났다. 그 순간 나뭇가지를 뱀으로 착각하여 깜짝 놀랐다. "뱀이야, 뱀이야." 하고 펄쩍펄쩍 뛰며 전전긍긍했다. 누군가는 몽둥이, 칼, 총을 들자 하고, 누군가는 귀신 잡는 관운장을 불러오라 하고, 누군가는 거룩한 신을 모셔와야 한다고 난리법석을 떨었다.

중도, 있는 그대로 보자. 사실은 어떤가? 문제의 나뭇가지를 나뭇가지로 알지 못하고 뱀으로 착각하였기 때문에 만들어진 뱀이다. 그러므로 자기 생각에만 있고 실제로는 없는 것이다. 그럼에도 불구하고 뱀이라고 착각하여 철석같이 믿으면 그로 인한 불안과 공포 때문에 그야말로 전전긍긍하게 된다. 그때 이 문제를 해결하려면 어떻게 해야 할까? 몽둥이, 칼, 총, 핵폭탄이 있으면, 항우장사, 신통도인, 부처님을 모셔오면, 이에 더하여 이 모든 것을 본인이 다 갖추고 있으면 해결할 수 있을까?

불가능하다. 과거의 끝, 미래의 끝, 우주의 시작과 끝을 다 알고 천지개벽을 내 마음대로 하는 신통력을 다 동원한다 해도 뱀이라는 무지와 착각에 젖어 있는 한 해결책은 나오지 않는다. 무지와 착각을 그냥 둔 채로는 천 갈래 만 갈래의 길을 찾아내고 만들어낸다 해도 그 모든 길이 길이 되지 못한다.

있다면 오로지 한 길이 있다. 무지와 착각에서 벗어나는 길이다. 그 길이 붓다께서 제시한 있는 그대로의 길인 중도다. 바로 뱀을 봤다고 하는 그 현장을 여실지견(如實知見), 직접 대면해야 한다. 현장을 직접 대면하여 있는 그대로를 보면 어떻게 될까? 그 현장에 무엇이 있을까? 난리법석을 떨게 만든 뱀이 있을까? 미안하지만 그 뱀은 없다.

그렇다면 현장에는 아무것도 없는가? 그렇지 않다. 그대가 찾는 뱀은 없지만 생각하지 못했던 뱀 모양의 나뭇가지가 있다. 혹시 다른 데 있지 않을까 둘러보아도 다른 나뭇가지가 있을 뿐이다. 거듭거듭 확인해도 뱀은 없다. 어떨까. 뱀이 없음을 있는 그대로 확인했는데도 뱀, 뱀, 하면서 불안과 공포에 사로잡혀 전전긍긍하게 될까? 난리법석을 떨게 될까? 가슴에 꽉 찬 불안과 공포가 계속될까, 아니면 안도의 큰 숨을 쉬게 될까?

물론 놀란 가슴에 여진이 남아 있을 터이다. 그렇지만 한 가지 확실한 것은 있지도 않은 뱀, 착각으로 만들어진 뱀 때문에 전전긍긍하는 바보짓은 더 이상 되풀이하지 않게 된다. 의심의 여지가 없다. 뱀이라며 두려워 벌벌 떨게 한 실제 원인은 나뭇가지를 사실대로 알지 못하고 뱀이라고 착각한 무지와 착각이었다. 승찬 스님이 앓았던 한센병 또한 사실은 삶의 참모습에 대한 무지와 착각으로 이루어진 선입견, 편견의 병일 뿐이었다. 한센병을 인간으로선 도무지 어찌할 수 없는 천형이라고 믿었던 무지와 착각이 우리가 상상할 수 없는 어마어마한 개인적·사회적 고통을 만들어낸 주범이었던 것이다. 어떤가? 이만하면 "어려울 것이 없다."고 할 법하지 않은가.

하지만 대부분의 우리들은 여전히 무지와 착각으로부터 깨어나라는 말이 너무 쉬워서 정말 그럴까, 고개를 갸웃갸웃하고 있다. 진리는 상식으로 이해할 수 없는 어렵고 심오한 그 무엇이라고 하는 그릇된 믿음, 편견 때문이다. 붓다도 그런 방식으로 길을 떠났었다. 하지만 그 길에서는 답을 찾지 못했다. 그러면 어느 길에 답이 있었을까? 붓다는 오로지 중도의 길만이 참된 길이라고 하셨다. 참된 앎(깨달음)을 일상의 삶으로 완성하신 부처님과 스승들[佛祖]의 말씀을 종합해보면 공통적으로 중도의 길을 통해 있는 그대로의 참모습을 드러내는 데 초점이 맞춰져 있다. 왜 그랬을까. 그 길밖에 다른 길이 없기 때문이다.

그렇다면 불조께서 그토록 강조하시는 중도의 길은 구체적으로 어떤 것일까? 다시 '나뭇가지와 뱀'의 비유와 연결해서 생각해보자. 중도, 있는 그대로 보면 삶의 주체인 그대의 눈과 항상 마주하고 있는 대상이 나뭇가지이다. 그 나뭇가지(눈의 대상)는 어느 한순간도 그대의 눈과 분리되어 따로따로인 적이 없다. 실상이 그런데도 불구하고 우리는 습관적으로 간택, 즉 분리시켜 가려낸다. 언제나 함께 존재해온 나뭇가지를 있는 그대로 보지 못한 채 자기도 모르게 습관화된 무지와 착각의 마음이 시키는 대로 '뱀'이라고 판단하고 결정한다. 뱀이라는 착각을 했기 때문에 그 순간 본능적으로 난리법석으로 이어진다. 지금까지 짚어본 결과가 무엇인가? 삶을 혼란과 고통에 빠지도록 만드는 근본 원인은 삶의 참모습에 대한 무지와 착각 때문이라는 결론이다. 한 걸음 더 나가보자.

분리하여 가려냄이 왜 문제인가? 실상의 다른 표현인 "지극한 진리"는 분리되어 있지 않기 때문이다. 중도의 사유방식으로 뱀이라고 착각을 일으켰던 그 현장에 직접 대면하여 실제 내용을 확인해보자. 분리하여 가려낸 '미운 것과 좋은 것'이 그대가 생각하는 것처럼 실제로 그렇게 있을까? 본인 생각 말고는 미운 것이든 좋은 것이든 일찍이 어느 한순간도 분리된 적이 없다. 앞으로도 영원히 그렇다. 분리되지 않은 것을 분리시키는 것이 무지와 착각이다.

무지와 착각으로 분리하여 가려낸 다음엔 어떻게 하는가. '좋네, 싫네', '마음에 드네, 안 드네' 하고 본인이 편리한 대로, 본인의 습관대로 차별한다. 마음에 든다, 안 든다, 좋아죽겠다, 미워 못 살겠다 하며 아우성을 치기도 한다. 첫 번째 화살을 넘어 두 번째, 세 번째 화살을 마구 쏘고 마구 맞는다. 실상은 어떤가? 정말 그대가 생각하는 것처럼 이것저것 분리해서 미워하고 좋아할 것이 따로 있는가, 아니면 실제로는 없는데 본인 멋대로 조작해낸 것인가?

중도, 실상을 있는 그대로 보면 분리해서 취하거나 버릴 것은 본래 없다. 본래 없는데 본인이 조작하여 이것저것을 분리하고 좋다, 나쁘다 차별하며 아우성을 치고 아수라장을 만들고 있다. 참되게 알고 보면 별것도 아니다. 그야말로 허망하고 어처구니없는 일이다. 그래서 승찬 스님은 "지극한 도는 어려울 것 없네."라고 〈신심명〉의 첫머리에 못 박았다. 승찬 스님의 이 말씀이 보통 사람들에게는 통용되지 않는 헛소리인가, 왜곡되었는가, 과장되었는가? 거듭거듭 물어보고 스스로 답해보라. 그렇지 않다. 적재적소에 잘 맞아떨어지는 매우 정확하고 명료한 진실이다.

중도적으로 삶의 문제를 다루고 공부하면 놀라운 결과를 얻는다. 같은 내용을 《중론》에서는 "적멸희론, 희론(62건)이 고요히 사라진다."라고 표현했다. 보통 희론이 사라진 상태를 불교에선 열반이라고 한다. 중도적으로 문제를 직시하고 다루면 바로 열반을 얻게 된다는 말이다. 정법의 등불을 밝혀온 역대 붓다를 위시로 한 스승들께서도 우리가 참되게 알아야 할 참된 진리, 참된 자신의 참모습을 '중도연기', '유아독존', '법성원융', '연기 공', '본래붓다', '무상대도(無上大道)', '본래면목', '일심법계(一心法界)', '불이세계(不二世界)', '부사의경계(不思議境界)', '존재의 실상', '즉심즉불', '심즉시불(心卽是佛)', '평상심도(平常心道)', '유식무경(唯識無境)', '중도실상(中道實相)', '팔불중도(八不中道)' 등으로 표현하여 같은 뜻을 드러내고 있다. 옛 스승들은 한마디로 인생(불교) 공부를 중도적으로 하기만 하면 진리는 '세수하다 코 만지는 격'이라고 말하고 있다. 승찬 스님이 "어려울 것 없다."고 한 것과 같은 맥락이다.

다시 한번 전체를 정리해보자. 〈신심명〉에서 말하고자 하는 핵심 내용은 맨 앞의 네 구절이다. 그중에서도 중도실상, 있는 그대로의 길, '중도'와 있는 그대로의 참모습인 '실상'을 표현한 '지극한 진리'가 지금 여기 나에게, 너에게, 우리 모두에게 바로 경험(확인·증명)되도록 파악되고, 이해되고, 설명되어야 한다. 이 부분이 명료하게 정리되면 "지극한 진리를 깨닫는 것은 어려울 것이 없다."는 한 마디가 〈신심명〉의 처음부터 끝까지, 아니 더 나아가 초기불교·대승불교, 선(禪)·교(敎) 등 모든 불교를 관통함을 알 수 있다.

그럼 이제 중도실상의 사유 방식으로 앞에서 읽고 풀어온 내용을 좀 더 세밀하게 다루어보자.

"미움, 좋음 하는 차별심이 없으면
구름 한 점 없는 하늘처럼 무사태평하네."

〈신심명〉 첫 구절에 "어려울 것이 없다."고 했다. 그런데 왜 우리가 경험하고 있는 현실은 그렇지 않을까. 깨달음, 삼매, 해탈, 열반, 신통, 신비, 기적, 불가사의, 참된 진리 등 우리가 최고라고 확신하여 인생을 바쳐 찾고 얻으려고 하는 모든 것들은 어렵기만 할까. 이유가 뭘까, 그럴 수밖에 없는 것일까. 붓다는 일관되게 그렇지 않다고 했다. 그런데도 어렵게 되는 까닭은 중도실상에 대한 무지와 착각이 조작해낸 양변, 양극단의 관점과 사고를 하기 때문이다.

지금 읽어가는 구절의 미워하고 좋아하는 차별심은 양극단의 대표 격이다. 실제 생활에서 경험할 수 있는 예를 들어 이야기해보자. 사람들은 너나없이 꽃이 피면 기뻐하고 꽃이 지면 슬퍼한다. 왜 그럴까? 피는 것은 좋은 것이고 지는 것은 안 좋다고 여기기 때문이다. 사람들이 알고 믿는 것처럼 진짜 피는 것은 좋고 기쁜 것이고, 지는 것은 나쁘고 슬픈 것일까?

제일 좋은 것은 중도, 현장의 당사자에게 물어보는 것이다. 당사자인 꽃에게 물어보면 뭐라고 답할까. 보나마나 이렇게 답할 것이다. "피고 지는 것이 분리되어 있지 않다. 그 자체에 좋고 기쁘고, 나쁘고 슬프고, 그런 것도 없다. 있다면 오로지 조건 따라 피고 지는 꽃의 삶이 있을 뿐이다. 태어났으니 피어나는 것이고, 피었으니 떨어지고, 떨어지니 열매를 맺고, 열매를 맺으니 씨가 되고, 씨가 되니 끊임없이 꽃의 삶이 펼쳐진다." 그대들의 삶도 그렇게 펼쳐지고 있다. 그렇지 않은가.

꽃이 설명한 내용은 있는 그대로의 실상이다. 꽃의 참모습이 피고 지는 그 자리 어디에도 분리시켜 취사선택할 것이 없다. 피는 것은 좋다고 웃고, 지는 것은 안 좋다고 울 것이 없다. 중도실상, 꽃의 참모습을 있는 그대로 보면 인연 따라 피고 질

뿐이다. 그저 피고 질 뿐, 그대가 무지와 착각으로 조작해낸 좋고 기쁜 것, 슬프고 나쁜 것은 없다. 그 자리, 그 상태를 굳이 말로 표현한 것이 "구름 한 점 없는 하늘처럼 무사태평하네."이다. 무사태평으로 표현된 실상의 그 자리, 그 상태가 바로 해탈이고 열반이다.

실상이 이러함에도 불구하고 그 밖의 신통방통한 그 무엇을 더 찾으려고 하는 것은 그야말로 '업은 아기 3년 찾는 꼴'이다. 왜 그렇게 될까. 굳이 불교 언어로 표현하면, 중도적으로 하지 않고 양극단으로 하기 때문이다. 양극단의 방식으로 사유하는 한 세세생생을 찾고 또 찾아도 다람쥐 쳇바퀴 도는 신세를 면할 수가 없다.

언제나 정신 바짝 차리고 중도실상, 있는 그대로의 참모습과 마주하는 것을 철칙으로 삼아야 한다. 그렇게 하면 지극한 도를 얻는 것은 세수하다 코 만지는 것처럼 어려울 것이 없다. 제2의 화살을 맞는 습관에 빠지지 않게 되고, 혹 '좋음, 싫음' 하는 허수아비를 조작해낸다 하더라도 그에 속아서 오랫동안 지배받는 삶에 빠져 있지 않게 된다. 노력하는 만큼 무사태평이 나의 삶이 되는 쪽으로 펼쳐진다. 어떤가? 어려운가, 아니면 해볼 만한가?

제대로 끼워야
끝까지 어긋나지 않는다

3

털끝만큼이라도 삐끗하고 어긋나면
하늘과 땅처럼 크게 어긋나고 마네.

호리유차 毫釐有差
천지현격 天地懸隔

총론의 경우를 참고하여 뜻으로 잘 풀고 펼쳐서 정리해보자.

"중도실상의 형상인 인드라망을 있는 그대로 잘 보시게.

실상은 말로 할 수 없지만 부득이하게 말로 하네.

진리인 참모습으로부터 털끝만큼이라도 어긋나면 안 되네.

마치 첫 단추를 잘못 꿰면 끝까지 어긋나듯이

하늘과 땅처럼 영원히 만나지 못하게 되네."

있는 그대로의 참모습인 '지극한 진리(중도실상)로부터 조금이라도 어긋나면(삐끗하면, 잘못하면) 대단히 어렵다. 큰일 난다. 하늘과 땅처럼 벌어져 진리를 만나는 것이 영원히 불가능해진다'라는 뜻으로 읽히는데, 어떤가? 어긋나면 큰일 나고 어긋나지 않으면 무사태평이라고 하니, 마땅히 무사태평의 길을 가야 할 일이다. 하지만 먼저 짚어봐야 할 것이 있다.

'큰일 난다'고 하는데 구체적으로 어떤 문제가 생긴다는 것일까? 양극단에 빠지는 것과 중도로 하는 것이 어떤 차이를 낳는지 실제 상황을 예로 들어보자.

양극단에 빠진다는 것은 마치 자신이 실상사 안에 있으면서 실상사가 어디 있느냐며 허겁지겁 정신없이 찾는 경우다. 참으로 기가 막히고 한심스러운 일이다. 그렇게 되는 이유가 뭘까. 지금 여기 자신의 참모습을 직접 마주하지 않고 그 밖에서 길을 찾기 때문에 생기는 일이다. 그렇게 하는 한 내면적으로 하든 외면적으로 하든, 정신적으로 하든 물질적으로 하든, 심리적으로 하든 육체적으로 하든 세세생생토록 다람쥐 쳇바퀴 도는 꼴을 면할 길이 없다. 참으로 겁나는 일이다. 반면 중도적으로 하는 것은 지금 여기 자신의 참모습을 직접 마주하는 것이다. 그러면 그 순간 본인이 서 있는 곳이 실상사임을 잘 알게 된다. 아무 거리낌 없이 그 안에서 무사태평하고 자유자재하게 자리이타의 삶을 마음껏 펼칠 수 있다. 얼마나 통쾌한가. 얼마나 멋진 일인가.

그 열쇠는 중도의 길을 가는 데 있다. 중도실상, 있는 그대로의 참모습을 직접 마주하면 '좋네, 나쁘네' 하는 인위 조작, '맘에 드네, 안 드네' 하는 제2의 화살인 분별망상(탐·진·치)이 저절로 떨어져 나간다. 절대 발붙이지 못한다. 마치 코끼리의 참모습에 대한 잘못된 정보로 인해 무지와 착각의 편견에 사로잡혀 싸움질하는 사람들이 실물 코끼리를 직접 마주하는 순간 할 말을 잃게 되는 것과 같다. 주장도, 싸움도 멈추게 된다. 바로 고요해진다. 편안해진다. 무사태평해진다. 어떤가? 어려운가, 쉬운가?

그래도 여전히 궁금한 것이 있다면, 다시 〈신심명〉 총론의 내용을 찬찬히 음미해보라. 그러면 풀릴 것이다.

분별에서 벗어나야
함정에 빠지지 않는다

4

지극한 진리가 나타나도록 하고 싶은가.

그저 있는 그대로 지켜볼 뿐

따르네, 거스르네 하는 마음 두지 말게나.

욕득현전 欲得現前

막존순역 莫存順逆

총론의 경우를 참고하여 뜻으로 잘 풀고 펼쳐서 정리해보자.

> "중도실상의 형상인 인드라망을 있는 그대로 잘 보시게.
> 실상은 말로 할 수 없지만 부득이하게 말로 하네.
> 있는 그대로의 진리인 참모습이 나타나게 하고 싶은가.
> 중도, 있는 그대로 바라볼 뿐 양극단인, '따르네', '거역하네'
> 하고 양극단에 붙잡히지 말게."

묻고 답하는 방식으로 접근해보자.

왜 참된 진리가 환하게 드러나기를 바라는 것인가? 이유는 명백하다. 참된 진리에 잘 따르고 살면 그 삶이 단순하고 홀가분하고 편안하고 여유롭게 된다. 너에게도, 나에게도, 우리 모두에게도 좋게 되기 때문이다.

　그런데 삶이 내 바람대로 안 되는 이유는 무엇인가? 내 마음에 든다, 안 든다는 단견의 사고방식으로 삶을 다루기 때문이다. 일상의 경험을 예로 생각해보자. 제일 쉬운 것이 먹는 일이겠다. 보통 우리는 음식이 '내 입맛에 맞다, 안 맞다'라고 한다. 그리고 입맛에 맞으면 취하고, 안 맞으면 내친다. 취하고 버리는 관점의 방식으로 접근하면 밥 먹을 때마다 시비분별이 생길 수밖에 없다. 그 시비분별은 상대가 있으면 상대에게, 나아가

주변 사람들에게 번져간다. 나도 모르게 삶이 번거롭고 혼란스러워진다. 단순하고 홀가분하고 편안하고 여유로울 수가 없다. 결과적으로 고통과 불행을 만드는 조건의 함정에 빠져들게 되는 것이 불 보듯 뻔하다.

이 함정에 빠져들지 않고 벗어나려면 어떻게 해야 할까? 따른다, 거스른다 하는 양극단의 관점과 사고방식에 끌려다니지 말고 오히려 중도, 지금 여기 있는 그대로의 실상, 음식 자체에 직접 대면해야 한다. 그리고 무엇을 위해 먹을 것인지 짚어봐야 한다. 붓다의 뜻을 잘 계승하고 있는 공양게송에서는 "도업을 이루기 위해 이 음식을 받는다."라고 하고 있다. 그 정신에 따른 탁발 순례 경험을 이야기해보고 싶다. 실상이 사람을 위해 만들어졌고, 선의로 제공된 음식이라면 입에 맞고 안 맞고에 관계없이, 기쁘고 감사한 마음으로 맛있게 잘 먹는 것이 탁발 정신에 맞는다고 배웠고, 실제로도 그렇게 했다. 그 결과, 적어도 단순 소박하고 생존이 위험하지 않은 한도에서는 음식에 관한 한 언제나 편안하고 여유로웠다. 음식에 관한 삶이 단순 소박하고 편안하고 여유롭고 홀가분해졌다면 음식에 관한 수행은 대단히 잘 되었다고 할 수 있을 터이다. 진리의 정신, 붓다의 정신에도 잘 맞는 일이기도 하다.

한 걸음 더 나아가 범지구적 화두인 기후 위기에 대한 비상

행동이 시대적으로 요구되는 현실에서 볼 때 진리의 정신, 붓다의 정신, 공양게송의 정신에 따른 식생활이야말로 우리 모두가 선택해야 할 행동의 하나라고 해도 좋을 것이다.

창과 방패로는
무엇도 얻지 못한다

◈

5

거스른다, 따른다 하고 서로 다투는 것은
무지와 착각으로 인한 양극단의 마음병 때문이네.

위순상쟁 違順相爭
시위심병 是爲心病

총론의 경우를 참고하여 뜻으로 잘 풀고 펼쳐서 정리해보자.

"중도실상의 형상인 인드라망을 있는 그대로 잘 보시게.

실상은 말로 할 수 없지만 부득이하게 말로 하네.

따른다, 거역한다 하고 양극단에 빠져 다투고 있네.

왜 다툼에 빠지게 될까.

지극한 진리인 자신의 참모습에 대한

무지와 착각으로 조작해낸 양극단의 마음병 때문이네."

왜 사람들은 못 살겠다고 아우성일까? 왜 너 때문이라며 죽기 살기로 다툴까? 다툼의 원인은 천 가지, 만 가지이다. 그 뿌리도 알 수 없고, 어떻게 해야 할지도 모르겠고, 참으로 난망하기 그지없다. 그런데 문제의 원인이 정말 천 가지, 만 가지일까?

　피상적으로 보면 그렇게 보이긴 한다. 하지만 깊이 탐구해보면 근본 원인은 있는 그대로의 참모습인 중도실상에 대한 무지와 착각에 빠진 양극단의 마음병 하나에서 비롯된다. 무지와 착각의 마음병에 사로잡혀 헤어나지 못하는 데서 만병이 생기고 고통이 뒤따른다.

　원인이 하나이듯이 답도 하나다. 오매불망 자나 깨나 지금 여기 있는 그대로의 참모습인, 중도실상과 직접 마주하기 위해 노력하는 것이 유일한 정답이다. 중도실상과 직접 마주하지 않고 어긋나게, 또는 다른 길(양극단)에서 답을 찾으려고 할 경우, 찾으면 찾을수록 더 멀어지고 어렵게 된다. '지극한 진리'가 그런 것이 아님을 잊지 않아야 한다.

앞에서도 이야기했듯이, '참된 진리'라고 하면 매우 심오하고 어려운 것으로 여기지만 실제는 전혀 그렇지 않다. 무지와 착각으로 형성된 양극단의 단견에 빠진 자기 자신의 문제이지, 진리 자체가 도무지 알 수 없는 어렵고 신비한 것이어서가 아니다. 만일 그대가 있는 그대로의 길, 중도로 자신의 참모습을 직접 대면하면 바로 그대 눈앞에 진리가 환하게 나타난다. 진리는 그런 것이다. 현실에서 직접 겪고 있는 문제를 예로 삼아 이야기해보자.

아마도 인류사의 가장 오래된 화두 중 하나가 '창과 방패' 싸움일 것이다. 다반사로 펼쳐지는 크고 작은 우리들의 싸움 대부분은 창과 방패로 맞서 있다. 창이 날카로워지면 방패가 튼튼해지고, 방패가 튼튼해지면 창은 더 날카로워지기 때문에 장소와 모양이 달라질 뿐 문제가 문제를 낳는 일은 끝없이 되풀이된다. 창과 방패의 관점으로 문제를 다루게 되면 온갖 연구를 하고 분석을 하고 진단을 하고 대책을 세워도 문제가 해결되지 않는다. 예나 지금이나, 그리고 앞으로도 영원한 모순으로 남아 있을 수밖에 없다. 그런데 정말 우리는 창과 방패 싸움의 방식으로 삶의 문제를 다루는 데서 벗어날 수 없는 것일까? 끝내 해결될 수 없는 문제일까? 만일 그렇다면 우리의 희망은 헛꿈이란 말이 된다.

이럴 땐 붓다를 찾는 것이 상책이다. 한번 물어보자. "'창과 방패의 싸움'을 해결하려면 어떻게 해야 합니까?" 사람들은 대부분 옳고 그름, 선함과 악함 때문에 싸운다고 생각한다. 물론 현상만 보면 그렇게 보이기도 한다. 그런데 인드라망으로 형상화된 삶의 참모습은 애초부터 이쪽과 저쪽으로 분리, 고정되어 있지 않다. 영원에서 영원 끝까지 서로 연결되어 있다. 본래 분리, 고정되어 있지 않으므로 괜히 너니 나니, 이쪽이니 저쪽이니, 하고 편 가를 일이 아니다. 오히려 참모습에 잘 어울리도록 서로 의지하고 돕고 나누며 더불어 함께 살아야 마땅할 일이다. 거두절미하고 첫 단추를 바로 꿰는 차원에서 지금 당장 인드라망으로 형상화된 참모습 그 자리에서 문제를 다루어보자.

그물의 그물코처럼 일찍이 한 번도 분리된 적이 없는 온 우주의 한 몸, 한 생명들이 편 가름 없이 더불어 함께 사는 데도 창과 방패가 필요할까? 필요 없다. 그럼 무엇이 필요할까? 당연히 창과 방패가 아니라 함께 사는 데 사용할 호미, 낫, 괭이, 삽 등이 필요하다. 그 자리엔 창과 방패가 필요하지 않다. 그곳엔 창과 방패라는 모순이 설 자리가 없다. 편 갈라 싸우는 것도 발붙이지 못한다. 길은 명료하고 외길이어서 헤맬 염려가 없다. 서로 의지하고 돕고 나누며 더불어 함께 사는 길, 이 길 말고는 그어떤 길도 길이 아니다.

첫 단추를 바로 꿰는 순간, 창과 방패의 싸움으로 표현되는 영원한 모순과 모든 혼란은 바로 정리된다. 참으로 놀랍다. 말그대로 기적이고 불가사의이다.

한 걸음만 어긋나도
도달할 수 없는 경지

6

지도무난(至道無難)의 깊은 뜻을 알지 못하고
어리석게도 생각을 가라앉히려 헛수고하고 있네.

불식현지 不識玄旨
도로염정 徒勞念靜

총론의 경우를 참고하여 뜻으로 잘 풀고 펼쳐서 정리해보자.

> "중도실상의 형상인 인드라망을 있는 그대로 잘 보시게.
> 실상은 말로 할 수 없지만 부득이하게 말로 하네.
> '지극한 진리는 어려울 것이 없다'고 하신 참뜻을 모르니
> 습관화된 양극단의 사고방식으로 땀 뻘뻘 흘리며
> 애써 생각만 가라앉히려 헛수고하고 있네."

현실이 고통스럽고 불행하므로 이를 해결할 수 있는 해답을 찾으려고 애쓰는 것은 너무나 당연한 일이다. 그런데 열심히만 하면 될까? 어렵고 복잡하고 까다로운 절차에 따라 용맹정진만 하면 되는 것일까? 대체로 우리들은 그렇게 알고, 그렇게 하고 있다. 일 년도 하고, 십 년도 하고, 평생도 한다. 그런데 '힘들다', '어렵다', '안 된다'는 회의와 절망의 소리가 곳곳에서 터져 나온다. 왜 그럴까?

승찬 스님은 단도직입적으로 말하고 있다. 양극단의 길, 그 방식으로 해서는 안 되는 것이라고. 있는 그대로의 참모습인 중도실상, "지극한 진리는 어려울 것이 없다."라는 말에 담긴 깊은 뜻을 알지 못하고 하면 무엇도 안 된다고, 잘 알고 해야 된다고 승찬 스님은 거듭거듭 말하고 있다.

생각을 가라앉히고 고요해지려 애쓰는 것은 좋은 일이다. 하지만 그조차 진리로부터 털끝만큼이라도 어긋나면 하늘과 땅 사이처럼 멀어지게 된다. 마치 출가 후 처음 붓다가 행한 선정 수행처럼, 또는 동쪽으로 가려고 하는 사람이 서쪽을 향하여 죽기 살기로 질주하는 것처럼, 관념 그리고 분리와 간택의 관점에 맞추려고 하는 것은 하나의 극단이다. 같은 관점을 전제로 생각을 가라앉힌다고 해도 마찬가지의 극단이다. 그런데도 극단의 길을 계속 가려고 하는 것은 어리석은 일이다. 끝내 헛수고일 뿐이다.

그러므로 알아야 한다. 오래된 미래의 길인 실천의 진리와 존재의 진리인 중도실상, 있는 그대로의 참모습인 지극한 진리와 직접 마주해야만 확실한 해답의 길이 나온다는 사실을 말이다. 양극단은 버려야 한다. 반드시 중도의 길을 가야 한다. 죽으나 사나 반드시 놓쳐선 안 된다. 다른 길은 없다. 그 길만이 우리의 희망이다. 참으로 놀라운 길이다.

내 눈으로 보는 하늘보다
더 아름다운 것은 없다

7

지극한 진리는 허공처럼 원만구족하네.
그 어떤 부족함도 그 어떤 남음도 없네.

원동태허 圓同太虛
무흠무여 無欠無餘

총론의 경우를 참고하여 뜻으로 잘 풀고 펼쳐서 정리해보자.

"중도실상의 형상인 인드라망을 있는 그대로 잘 보시게.
실상은 말로 할 수 없지만 부득이하게 말로 하네.
인드라망 무늬로 형상화된 지극한 진리는 온전한 허공처럼
원만구족하네.
여기에서도 저기에서도 과거, 현재, 미래도 한결같네.
그 어떤 부족함도 남음도 없네."

중도실상인 지극한 진리란, 말 그대로 완전무결하다. 그 무엇 하나 보탤 것도, 뺄 것도 없다. 이 완전무결함을 옛 스승들은 시간적으로는 '영원', 공간적으로는 '무한'이라고 했다. 있는 그대로의 참모습인 중도실상을 사실대로 참되게 안다면 결핍감에 빠져 무언가를 더 쌓으려 할 일이 없다. 미움과 상실감에 빠져 무언가를 빼내고 덜어내려고도 하지 않는다.

하나의 예를 갖고 이야기해보자. 우리 머릿속에 들어 있는 것은 접어두고, 당장 손에 잡히는 것으로 하자. 지금 여기 그대의 머리가 좋겠다. 누군가 제안했다. 최고의 값을 지불할 터이니 바로 당신의 머리를 나에게 넘기면 어떻겠는가? 대신 뭘 원하시는가? 세속적으로 돈인가, 권력인가, 명예인가, 사랑인가,

행복인가? 종교적으로 깨달음인가, 붓다인가, 삼매인가, 신통인가, 열반인가, 해탈인가? 머리 대신 그대의 손이라면, 혹은 발이라면 어떤가? 머리나 손발을 넘기고 세속적으로 혹은 종교적으로 제시된 최고의 성취를 얻는다면 그대는 어찌하시겠는가?

무지와 착각으로 조작하여 머릿속에 만들어놓은 길인 양극단의 길로 접근하면 세속적으로, 종교적으로 제시된 최고의 것들이 매력적으로 보일 터이다. 그럴듯해 보이는 것이지만 실제적으로는 그 모든 생각과 말이 그림의 떡일 뿐이다. 그것 갖고 할 수 있는 것은 너도 나도 고통과 불행에 빠지는 어리석은 결과만 낳을 뿐, 그 밖에 할 수 있는 것이 아무것도 없다.

반면 있는 그대로의 길, 있는 그대로의 참모습인 중도실상으로 접근하면 답은 하나다. 그대에게 그대의 '머리'는 이 세상 그 무엇으로도 대신할 수 없고, 비교할 수 없는 유일무이한 보배다. 그대 머리는 본인이 뜻하는 모든 불가사의를 창조한다. 붓다의 삶을 창조한다. 해탈열반의 삶을 누리게 한다. 마음껏 말을 한다. 웃음 짓는다. 오고 간다. 관념적으로 생각하면 머리를 주고 돈과 권력을 얻고, 머리를 주고 해탈열반을 얻으면 좋을 것이라고 생각하지만 거듭거듭 확인해봐도 그것은 전도몽상의 소견일 뿐이다.

사람들은 우리가 보고 듣고 먹고 걷고 하는 평범한 일상을 누리는 자체가 참된 최고의 기적이라는 것을 깨닫지 못하고 있다. 대신 본인이 믿고 있는 삼매니, 깨달음이니, 신통이니 하는 것을 기적이라고 여기고, 그것을 찾아 헤매 다니고 있다. 한 번 물어보자. 눈으로 푸른 하늘을 보는 것과 깨달음·삼매·신통 중에 하나를 선택해야 한다고 하면 당신은 무엇을 선택할 것인가? 열이면 열, 눈이 먼 상태에서 누리는 삼매보다는 마음껏 자유자재로 푸른 하늘을 보는 것을 택할 것이다. 조금만 정신을 차리고 살펴보면 우리가 누리는 일상이 진짜 기적임을 우리는 이미 알고 있다. 그 상식을 확고히 하여 흔들림이 없는 삶이 되도록 하면 바로 우리가 희망하는 날마다 좋은 날, 무사태평의 삶이 현실이 된다.

그동안 죽자사자 매달려온 것이 있다면 직접 확인해보라. 당신 스스로를 내어주고, 기적 같은 일상을 내어주고 매달려온 그것이 과연 그럴 만한 것이었는지. 길은 분명하다. 중도, 있는 그대로를 참되게 잘 알고 받아들이고 잘 활용하고 사는 길이 붓다의 일생이었다. 그 삶을 무사태평의 삶이라고 한다. 우리가 갈 길도 그 길임에 틀림이 없다. 참된 길, 그 길이 영원히 새로운 길이다.

취하고 버리면
무사태평하지 않다

8

깊은 뜻을 모르므로 취하고 버리네.
그 때문에 무사태평하지 않네.

양유취사 良由取捨
소이불여 所以不如

총론의 경우를 참고하여 뜻으로 잘 풀고 펼쳐서 정리해보자.

> "중도실상의 형상인 인드라망을 있는 그대로 잘 보시게.
> 실상은 말로 할 수 없지만 부득이하게 말로 하네.
> 눈앞에 나타나 있는 완전무결한 중도실상인 인드라망
> 그대가 참모습을 사실대로 알지 못하고 있네.
> 착각으로 조작하여 있지도 않은 이것저것을
> 취사선택하느라 전전긍긍하고 있네.
> 그 때문에 하루하루 순간순간이 무사태평하지 않네."

왜 취사선택하지 말라고 할까? 우리의 삶이 이어지려면 매 순간 취사선택해야 한다. 삶의 전 과정이 취사선택의 과정이라고 해도 틀리지 않다. 그런데 취사선택을 하지 말라니. 어떻게 보면 취사선택하지 말라고 하는 것은 삶을 끝내라, 살지 말라는 말과 다를 바 없어 보이기도 한다. 도대체 어떻게 하란 말인가?

　매일매일 경험하는 밥과 똥을 예로 이야기해보자.

　① 삶의 참모습은 먹는 일과 똥 누는 일이 분리되어 있지 않다.
　② 온통 그물의 그물코처럼 연결되어 있다.
　③ 그런데 우리는 그 사실을 있는 그대로 알지 못한다.

④ 습관화된 자기 관념에 따라 분리되어 있다고 여긴다.

⑤ 그래서 밥은 좋은 것이고, 똥은 쓸모없는 나쁜 것이라고
생각한다.

⑥ 밥하고 먹는 일은 좋은 일이라고 하며 온 힘을 다 하느라
힘들고 바쁘다.

⑦ 똥 누고 처리하는 일은 천하고 더러운 일이라며 무시하
고 멀리하기 위해 마음을 쏟느라 바쁘고 힘들다.

⑧ 밥은 가까이 잘 모시기 위해, 똥은 무시하고 멀리하기 위
해 전전긍긍해야 하니 늘상 편하고 여유로울 수가 없다.

⑨ 오매불망 꿈꾸는 무사태평은 끝내 오지 않는다.
참 한심하고 답답하고 불행한 일이다.

어떤가. 괜찮은가? 과연 어디에서 어긋난 것인가?
'깊은 뜻을 모르기 때문이다'라는 말이 뜻하는 바를 밥과 똥의
사례로 곱씹어보자.

① 밥과 똥을 누는 일은 분리되어 있지도 않고, 분리시켜서
도 안 되는 것이다.

② 그런데 우리는 분리차별하고 있다.

③ 삶의 실상을 보면 밥 먹고 똥 누는 일은 꼭 필요하고 대

단히 중요한 일이다.

④ 좋고 나쁜 일이 아닌데도 너나없이 착각하고 있다.

⑤ 그로 인하여 좋다고 여기는 것은 취하려고 아등바등하고

⑥ 나쁘다고 생각하는 것은 멀리하려고 아등바등한다.

⑦ 취하기 위해 버리기 위해 아등바등해야 하니 그 삶이 바쁘고 고단하고 한심할 수밖에 없다.

⑧ 왜 그렇게 되었는가? 중도실상의 깊은 뜻을 제대로 살피지 않고 무지와 착각으로 살기 때문이다.

⑨ 그럼 어떻게 하란 말인가?

㉠ '좋고, 나쁘고', '마음에 들고, 안 들고'가 아니라 '꼭 필요한가, 아닌가'가 중요하다.

㉡ 당연히 밥 먹어야 할 때는 기꺼이 꼭 필요한 곳인 공양간을 선택해야 한다.

㉢ 똥 누어야 할 때인데도 공양간이 좋다며 그곳에 죽치고 앉아 있거나 발을 동동 구르고 있다면 그것은 바보짓이다.

㉣ 똥 누어야 할 때는 기꺼이 꼭 필요한 곳인 해우소를 선택해야 한다.

㉤ 똥 누어야 할 때임에도 불구하고 똥은 더럽고 싫다고 하면서 해우소에 가지 않고 공양간에서 발을 동동 구르고

있다면 크게 어리석은 일이다. 그러므로 반드시 중도적으로 해야 한다. 밥 먹을 때이든 똥 눌 때이든 적절한 때와 장소를 기꺼이 찾아 나서기도 하고 기꺼이 버리고 떠나기도 해야 한다.

취사선택이 문제라고 하는 말의 깊은 뜻을, 살피고 또 살펴야 할 일이다.

쫓지도 말고
안주하지도 마라

9

있음[有]의 현상에도 허겁지겁 쫓아가지 말고,
텅 빔[空]의 바탕에도 안일하게 안주하지 말게.

막축유연 莫逐有緣
물주공인 勿住空忍

총론의 경우를 참고하여 뜻으로 잘 풀고 펼쳐서 정리해보자.

"중도실상의 형상인 인드라망을 있는 그대로 잘 보시게.

실상은 말로 할 수 없지만 부득이하게 말로 하네.

있는 그대로 보면

이 그물코에 의지해서 저 그물코가 있네.

그런데도 공(空)인가.

저 그물코에 의지하지 않으면 이 그물코가 없네.

그런데도 유(有)인가.

공을 버리고 유를 좇는 것, 유를 버리고 공에 안주하는 것,

어느 것도 이치에 맞지 않네."

깊은 뜻이 뭘까. '좇아가지 마라. 안주하지도 마라', '이렇게도 저
렇게도 하지 마라'는 이야기인데, 도대체 뭘 어쩌라는 건가? 붓다
와 승찬 스님은 우리가 어떻게 해야 한다고 말하고 싶은 것일까?

있다고 단정하는 것도 하나의 단견이요, 텅 비었다고 단정
하는 것도 하나의 단견이다. 그러므로 두 단견의 길을 가지 말
고, 있는 그대로의 참모습에 직접 마주하는 중도실상의 길을 가
라고 거듭거듭 이렇게도 말하고, 저렇게도 말하고 있다.

'있음의 현상, 텅 빔의 바탕'이라고 하는 말씀 자체를 곱씹

71

어보자. '있다'고 했는데, 이 세상 어느 하나인들 텅 빔과 분리 독립된 '있음'이 있을까. 있을 것 같지만 실제로는 없다. 있음과 분리 독립된 텅 빔도 마찬가지로 없다. 그런데도 우리는 어느 하나는 붙들고 어느 하나는 버리려고 한다.

들판을 예로 생각해보자. 겨울 들판을 보고 기억한 사람은 '텅 빈 것'이 들판이라고 한다. 가을 들판을 보고 기억한 사람은 '충만한 것'이 들판이라고 한다. 두 사람이 만나서 '텅 빈 것이 들판이야', '가득한 것이 들판이야' 하고 논란이 시작되었다. 점점 목소리가 커지고 심지어는 멱살을 잡는 사태까지 왔다. 누가 옳고 누가 틀린가. 어떻게 해야 할까?

붓다와 승찬 스님의 말씀대로 중도실상, 있는 그대로의 현장인 가을 들판과 겨울 들판에 직접 그대로 가보아야 한다. 현장에 대면하는 순간 두 사람의 주의·주장은 멈추게 된다. 내려놓게 된다. 벗어나게 된다. 떠나게 된다. 그다음은 무엇인가. 더불어 함께 무사태평이다.

'있음'에만 붙잡히는 것도, '텅 빔'에만 붙잡히는 것도 삶의 실상을 왜곡시키는 양극단의 길이다. 양극단의 길은 버리라고 했다. 그런데 버린다고 그것이 저절로 버려지면 좋겠지만 그렇지가 않다. 버리라는 말에는 '중도적으로 해야 양극단이 떨어져 나간다'는 뜻이 담겨 있다. 중도적으로, 있는 그대로의 현장에 직면하면 틀림없이 양극단에서 빠져나오게 된다. 경험해보면 확실하다. 분명 정답은 중도다. 붓다도, 승찬 스님도 늘상 그렇게 강조하고 있다.

하나가 그대로 모든 것이다

10

무엇이든 한 가지를 온전히 품어 안게.
삶을 얽어 묶는 문제들이 저절로 다하네.

일종평회 一種平懷
민연자진 泯然自盡

총론의 경우를 참고하여 뜻으로 잘 풀고 펼쳐서 정리해보자.

"중도실상의 형상인 인드라망을 있는 그대로 잘 보시게.
실상은 말로 할 수 없지만 부득이하게 말로 하네.
그물코 하나를 들어 올리면 우주 그물코 전체가
온전히 따라오네.
그 하나를 온전히 품어 안으면 어떨까.
너니 나니, 이쪽이니 저쪽이니, 옳으니 그르니 하고
삶을 얽어 묶는 문제들이 저절로 흔적 없이 사라질 것이네."

먼저 '한 가지'라는 뜻인 '일종(一種)'이 무엇일까 하는 물음이
생긴다. 성철 스님은 일종을 '중도의 자성청정심·진여자성'이
라고 읽으셨다. 지금 여기 있는 그대로의 참모습인 실상에 직접
대면하는 실천적 태도와 방법이 중도인데, 여기에서 그 하나를
중도라고 하는 것에 '과연 그렇구나' 하고 동의가 되지 않는다.
　《화엄경》에 "두두물물 무비불(頭頭物物 無非佛), 어느 사물
하나도 붓다 아닌 것 없다."라는 말이 있다. 〈법성게〉에는 "일중
일체다중일 일즉일체다즉일(一中一體多中一 一卽一切多卽一), 하
나 중에 일체요 일체 중에 하나이네. 하나 그대로 일체요, 일체
그대로 하나이네."라는 말이 나온다. 일종이 무엇인지는 이《화

엄경》과 〈법성게〉의 두 표현을 연결시켜 살펴보는 것이 낫지 않을까 싶다. 일종을 하나인 일체, 일체인 하나, 또는 《화엄경》의 '일물(一物)'로 보면 괜찮을 듯하다.

있는 그대로의 참모습인 "하나 그대로 일체요, 일체가 그대로 하나"라고 할 때의 그 하나를 온전히 삶으로 품어 안으면 그 삶이 어떨까? 갈라지거나 막히고 묶일 것이 전혀 없다. 앞에서 거듭 언급했던 '무사태평의 삶'이 아닐까. 그러면 어떨까? 괜찮지 않은가. 멋지지 않은가.

멈추려고 할수록
풍파가 일어난다

11

요동침을 멈추고 고요함으로 돌아가려는가.
하면 할수록 고요함이 다시 더욱 요동치네.

지동귀지 止動歸止
지갱미동 止更彌動

총론의 경우를 참고하여 뜻으로 잘 풀고 펼쳐서 정리해보자.

> "중도실상의 형상인 인드라망을 있는 그대로 잘 보시게.
> 실상은 말로 할 수 없지만 부득이하게 말로 하네.
> 모든 그물코가 말 그대로 일심동체이네.
> 그런데도 억지로 움직이는 이 그물코를 멈추게 하여
> 멈춘 저 그물코로 돌아가게 하려고 하면 어찌 될까.
> 멈추려고 하는 그 자체가 오히려 평지풍파가 되고 마네."

우리는 왜 요동침을 멈추고 고요함으로 돌아가려고 할까? 일단 요동침을 그치려고 하는 것을 보면 요동침은 좋은 것이 아님을 알겠다. 반대로 고요함으로 돌아가려고 하는 것을 보면 고요함은 좋은 것임이 분명하다. 인지상정으로 볼 때 싫어하는 것은 애써 끝내고 싶어 하고, 좋아하는 것은 애써 계속 하고 싶어 하는 것이 너무나 자연스러운 일이다.

그런데 왜 나쁘다고 여기는 요동침을 멈추고 좋다고 여기는 고요함으로 돌아가려고 하면 할수록 문제가 된다고 할까? 중도실상, 있는 그대로의 참모습을 보자. 고요함과 분리된 요동침, 요동침과 분리된 고요함이 있는가? 없다. 마치 연못 없는 연꽃, 연꽃 없는 연못이 없는 것처럼 그 어디, 그 어떤 것도 분리되어

78

있지 않다. 그런데도 우리는 깨끗한 연꽃은 취하려고 하고, 진흙 탕인 연못은 꺼린다. 매사를 갈라 어떤 하나는 좋고 어떤 하나는 나쁘다고 하니 참으로 어리석은 일이다. 있는 그대로의 참모습을 보자면 연못 없는 연꽃은 존재할 수 없는데도 실상에 대한 무지와 착각에 빠져 생각이나 말로만 가능한 것을 습관화된 단견으로 '있다, 없다', '좋다, 나쁘다'고 조작하고 있을 뿐이다.

문제로부터 벗어나려면 어떻게 해야 할까? 승찬 스님은 거듭 말하고 있다. 요동침이 따로 있고, 요동침은 나쁜 것이라고 하는 것은 하나의 단견일 뿐이다. 고요함이 따로 있고, 좋은 것이라고 하는 것도 하나의 단견일 뿐이다. 중도의 정반대인 양극단의 사고방식이다. 그런 사고방식으로 무턱대고 취사선택을 하니, 문제의 악순환이 확대 재생산된다. 그런 악순환의 실상을 경전에서는 '삼계화택 영겁윤회(三界火宅 永劫輪廻)'라고 표현했다.

설명을 좀 더 해보자. 당연히 싫은 것은 애써 버리려고 하게 마련이고, 좋은 것은 애써 붙잡으려고 하기 마련이다. 결국 더 좋은 것에 대해선 더 욕심 부리게 되어 전전긍긍하게 되고, 싫은 것은 기를 써서 없애려고 하게 되어 전전긍긍하게 된다. 하면 할수록 더 바쁘고 힘들고 한심스러워지는 것은 불 보듯 뻔하다. 그렇게 해서는 영겁윤회의 삼계화택을 벗어날 수 없다.

저 영겁윤회의 삼계화택을 정말로 벗어나려면 어떻게 해

야 할까? 있는 그대로의 참모습, 실상에 직접 대면해보아야 한다. 앞에서 확인한 것처럼 고요함과 분리된 움직임도, 움직임과 분리된 고요함도 없다. '고요함은 좋은 것이다'라고 하는 것은 그대의 무지와 착각으로 조작해낸, 실상과 관계없는 그대의 생각일 뿐이다. '움직임은 안 좋은 것이다'라고 하는 것 역시 마찬가지로 그대의 생각일 뿐이다. 실제로는 필요 또는 조건에 따라, 움직임으로 또는 고요함으로 나타날 뿐, 그 이상도 이하도 아니다.

그렇다 치더라도 움직임을 멈추고 싶거나 필요할 때가 있으면 어떻게 해야 할까? 앞에서 설명한 것처럼 있는 그대로의 실상에 직접 대면해야 한다. 그렇게 하면 제2의 화살인 취사선택, 또는 시시비비가 발붙이지 못하고 떨어져 나간다. 자연스럽게 조건 따라 나타나는 움직임은 움직임대로, 멈춤은 멈춤대로 적재적소에 맞게 활용하는 새로운 길, 더 좋은 길을 찾게 된다. 그렇게 하면 그 자체로 편안하고 자유롭다. 그야말로 무사태평이다. 어떤가. 이만하면 붓다와 승찬 스님이 '중도', '중도' 하는 이유를 알 만하지 않은가.

피는 꽃은 피는 꽃대로,
지는 꽃은 지는 꽃대로 아름답다

12

오로지 삿된 길인 양변의 길에 빠져 있는데,
어떻게 온전한 하나를 참되게 알겠는가.

유체양변 唯滯兩邊
영지일종 寧知一種

총론의 경우를 참고하여 뜻으로 잘 풀고 펼쳐서 정리해보자.

> "중도실상의 형상인 인드라망을 있는 그대로 잘 보시게.
> 실상은 말로 할 수 없지만 부득이하게 말로 하네.
> 그대가 중도실상에 대한 무지와 착각으로 조작해낸
> 삿된 길인 양극단의 길에 매몰되어 있는데
> 어떻게 온전한 하나인 우주 그물코 하나를
> 참되게 알 수 있겠는가."

글 자체의 뜻을 살펴보자. '한 물건'을 온전하게 아는 것은 절대적으로 중요하고 필요한 일이다. 그런데 양극단에 빠져 있으면 한 물건을 온전하게 알 수가 없다. 결국은 양극단을 버려야 할 텐데 양극단을 버리려면 어떻게 해야 할지 막연하다. 결국 버려야 할 양극단이 무엇인지 붓다께 다시 여쭈어볼 수밖에 다른 도리가 없다.

　일찍이 붓다께서 깨달음을 이룬 다음, 다섯 비구를 상대하여 첫 설법으로 하신 말씀이 "삿된 길인 양극단을 버려야 된다."였다. "문제야, 문제야. 버려야 돼, 버려야 돼. 내려놔, 내려놔야 돼." 하고 붓다께서 일생 동안 반복하신 한마디 또한 양극단에 대한 것이었다. 붓다의 말씀을 '팔만 사천 법문'이라고 하듯이 어마어마하게 많지만, 말에 끄달리지 않고 그 안에 담긴 뜻을 살펴보면 "양변, 양극단을 버리라."는 한마디뿐이라 해도 과언이 아니다. 승찬 스님 말씀도 마찬가지다. 곳곳에서 같은 이야기를 귀가 따갑도록 이르고 또 일러주고 있다. 이렇게 말해도 양극단이 구체적으로 무엇인지 알기는 쉽지 않다. 양변, 양극단이 구체적으로 무엇을 뜻하는 것인지 감이 잡히지 않는다면 지금까지 공부한 내용을 다시 한번 떠올려 사유해보라.

중도실상이 있는 그대로의 참모습이라면 이에 대한 무지와 착각에 빠진 그대와 내가 조작해낸, 버려야 할 것이 양변, 양극단이라고 했다. 다른 이름으로는 '토끼 뿔, 거북 털', '전도몽상(顚倒夢想)'이다. 무지와 착각으로는 있지만, 실제로는 없는 것이다.

실제 현장의 삶으로 갖고 와서 생각해보자. 토끼 뿔, 거북 털로 할 수 있는 것이 무엇이 있을까? 없다. 그런데도 누군가가 끝내 토끼 뿔, 거북 털로 뭘 해보겠다고 하면 어떻게 될까? 실제는 없고 생각과 말로만 있는 것을 붙잡고 하는 한, 날고 뛰는 그 무엇을 해도 부질없는 헛수고다. 선정삼매니, 신통자재니 별별 짓을 다 해도 길이 없다. 그 결과는 말 그대로 '삼계화택 영겁윤회'의 연속이다. 두 번째, 세 번째 화살을 거듭거듭 쏘고 맞는 삶이다. '연꽃은 좋은데 연못은 싫다'거나, '꽃이 피는 것은 기쁘고 좋지만, 꽃이 지는 것은 안 좋고 슬픈 것'이라거나, '꽃은 좋지만 풀은 싫다'는 사고의 습관들이 모두 참모습에 대한 무지와 착각에 빠진 그대와 내가 조작해낸 제2의 화살인 '양변, 양극단'의 사고방식이다.

그렇다면 '양변, 양극단'을 벗어나려면 어떻게 해야 할까? 붓다는 다섯 비구들을 위해 초전법륜을 굴리시며 진리에 들어가는 첫걸음으로 있는 그대로의 길, 바른 길인 '중도'를 말씀하셨다. 붓다께서 해답이라고 평생 동안 하신 말씀도 한마디로 요약하면 있는 그대로의 참모습에 직접 대면하는 실천의 진리인 중도다.

앞서 들었던 양극단의 사례를 붓다께서 답으로 제시한 중도로 접근해보자. 중도실상, 있는 그대로의 참모습인 '피는 꽃과 지는 꽃'의 실물에 직접 대면하면 어떨까. 그 자리에 '피는 꽃은 좋고 기뻐', '지는 꽃은 싫고 슬퍼' 하는 양극단의 사고가 붙어 있을까. 실상, 그 자리 어디에도 인간이 조작해낸 시비분별이 붙어 있지 않다. 무엇인가 있다면 오로지 인연 또는 조건뿐이다. 그에 따라 꽃이 피고 질 뿐이다. 마땅히 잔머리 굴리지 말고 피는 꽃, 지는 꽃을 있는 그대로 마음껏 음미할 일이다. 굳이 바보처럼 '피는 꽃은 좋고 기뻐', '지는 꽃은 슬프고 싫어'라고 하면서 제2의 화살을 쏘고 맞는 호들갑을 떨 필요가 없다. 그렇게 된다면 꿈에도 그리던 '날마다 좋은 날', '무사태평'이다.

추운 겨울날 집 마당에 도끼가 있고, 나무도 있으면 어떨까? 도끼로 장작을 패서 잘 쓰면 된다. 물어볼 것도 없이 고통과 불행의 조건인 추운 겨울도 따뜻하고 행복한 겨울로 환골탈태할 터이다. 눈앞의 도끼와 나무를 잘 활용하면 어려운 조건도 얼마든지 극복할 수 있다. 여기에 왜 그렇게 되느냐는 물음이 필요한가? 굳이 답을 하면 세상 이치가, 법이 그러하기 때문이다. 인간이 그런 존재이기 때문이다.

마지막으로 짚어보자. 문제를 야기하는 샛된 길은 '양변, 양극단의 길'이고, 문제를 풀어내는 바른 길은 '중도'다. '양변, 양극단'의 사고방식으로 하면 '업은 아기 3년 찾는 꼴'이 되고, 중도의 사고방식으로 하면 '세수하다 코 만지듯'이 삶을 풀어낼 수 있다. 어떤가? 이보다 더 명쾌하고 유익한 인생 공부가 있는가. 이래도 불교 공부는 할 필요 없다고 하겠는가.

쌀 씻어 밥 짓는 일이
곧 깨달음의 실천

13

온전한 하나를 달관하시게.

그렇게 하지 않으면 뭘 하든 공덕을 잃게 되네.

일종불통 一種不通
양처실공 兩處失功

총론의 경우를 참고하여 뜻으로 잘 풀고 펼쳐서 정리해보자.

"중도실상의 형상인 인드라망을 있는 그대로 잘 보시게.

실상은 말로 할 수 없지만 부득이하게 말로 하네.

거두절미하고 그대가 실상, 온전한 하나인

우주 그물코 하나를 달관하시게.

그렇게 하지 않으면 온 우주 곳곳에서 날고뛰는

온갖 능력을 다 발휘해도 참된 공덕을 잃게 되네."

'날고 뛰어봤자 부처님 손바닥 안'이라는 속담이 있다. 삼장법사와 손오공이 등장하는 《서유기》이야기다. 일반적인 눈으로보면 손오공은 굉장한 능력가이고 어마어마한 업적을 이룬 것처럼 보인다. 그런데 실제 내용으로 보면 손오공은 진리의 길을알고 가는 붓다의 제자인 삼장법사의 일꾼일 뿐이다. 손오공처럼 온갖 재주로 날고 뛰어봤자 직면한 삶의 문제를 온전히 달관하지 못하면 다 헛된 수고다.

그래서 원효 스님은 《발심수행장》에서 "지혜로운 자가 하는 일은 쌀을 쪄서 밥을 지으려는 것과 같고, 어리석은 자가 하는 일은 모래를 쪄서 밥을 지으려는 것과 같다."라고 했다. 모래를 쪄서 밥을 짓는 것은 매우 특별하고 신통방통하고 그럴싸해

보인다. 하지만 아무리 특별해 보여도 헛일이다. 반면 쌀로 밥을 짓는 일은 참으로 별것 아닌 평범한 일이다. 하지만 생명을 살리는 참된 길이다. 쌀로 지은 밥이 아니고선 허기를 면할 다른 길이 없다.

영가 스님의 〈증도가〉에서는 중도, 있는 그대로의 길을 "행역선 좌역선 어묵동정체안연(行亦禪 坐亦禪 語默動靜體安然)", 즉 '걷는 것도, 앉는 것도 깨달음의 실천인 선이다. 말하고 침묵하고 움직이고 멈추는 그 자체 그대로 자연스럽고 편안하다'라고 하였다. 삶에서 어떤 순간, 어떤 상황을 맞이하더라도 그 자체가 진리임을 깊이 인식하여 최선을 다해 삶을 다루는 것을 '중도'라 한다. 《금강경》에서는 중도행을 "응무소주 이생기심(應無所住 而生其心)", 매 순간순간 새로운 삶을 창조하는 것이라고 했다. 그렇게 하면 중도, 기적 같은 길이 열린다. 매 순간순간 기적이 펼쳐진다.

손등 없는 손바닥과
손바닥 없는 손등

14

있음[有]을 버리려고 하면 있음에 빠지게 되고
텅 빔[空]을 쫓아가려고 하면 텅 빔을 등지게 되네.

유유몰유 遺有沒有
종공배공 從空背空

총론의 경우를 참고하여 뜻으로 잘 풀고 펼쳐서 정리해보자.

> "중도실상의 형상인 인드라망을 있는 그대로 잘 보시게.
> 실상은 말로 할 수 없지만 부득이하게 말로 하네.
> 텅 빔의 그물코에 의지해 있는 있음의 그물코를
> 버리려고 하면 어떻게 될까.
> 결과적으로는 모두가 함께 망가지네.
> 있음의 그물코에 의지해 있는 텅 빔의 그물코를
> 붙잡으려고 하면 어떻게 될까.
> 마찬가지로 모두 함께 뒤범벅이 되네.
> 왜 그럴까. 진리가 그러하기 때문이네."

'있음'이 문제라고 해서 '있음'을 쫓아내려고 하면 점점 더 '있음'에 매몰되고, '텅 빔'이 좋다고 해서 '텅 빔'을 붙잡으려고 하면 '텅 빔'으로부터 점점 더 멀어지게 된다는 이야기이다. 왜 그렇게 될까?

있음을 버리려고 하거나 텅 빔을 붙잡으려고 하는 것을 왜 극단이라고 하는지 그 이유부터 살펴보자. 손이라는 실물을 예로 삼아보자. 손에는 손바닥과 손등이 있다. 손바닥과 분리된 손등, 손등과 분리된 손바닥은 있지 않다. 그런데도 분리시켜

'손등은 못 써' 하면서 버리려고 하고, '손바닥은 좋아' 하며 붙잡으려고 하는 것이 과연 가능하고 괜찮은 일인가? 불가능한 일이다. 어느 하나를 따로 버리려야 버릴 수 없다. 붙잡으려야 붙잡을 수도 없다. 그렇게 하려고 하면 할수록 문제가 악화될 뿐이다. 텅 빔과 있음도 마찬가지다. 텅 빔은 있음 없이 존재할 수 없고, 있음은 텅 빔 없이 존재할 수 없다.

　중도실상, 있는 그대로의 참모습인 실물의 손을 놓고 보자. 손바닥은 붙잡으려고 하고 손등은 쫓아내려고 하는 것은 모두 극단의 태도다. 반드시 사고를 버리고 떠나야 한다. 그렇지 않으면 모두 망가지고 뒤범벅이 된다. 그런데도 끝내 버리거나 잡으려고 든다면, 그럴수록 거듭거듭 제2의 화살을 쏘고 맞게 된다. 하면 할수록 재앙은 끝없이 확대 재생산된다. 삶이 한심스럽게 된다. 꿈에도 그리워하는 '날마다 좋은 날'은 헛소리가 되고 만다. 결코 가서는 안 되는 삿된 길이다.

말과 생각에
구속되지 말라

15

양극단의 말과 생각은 하고 또 해도
끝내 서로 부응하지 못하네.

다언다려 多言多慮
전불상응 轉不相應

총론의 경우를 참고하여 뜻으로 잘 풀고 펼쳐서 정리해보자.

"중도실상의 형상인 인드라망을 있는 그대로 잘 보시게.

실상은 말로 할 수 없지만 부득이하게 말로 하네.

실상, 실물 코끼리에 대한 무지와 착각의

편견병에 사로잡힌 사람들이 와글와글 싸우고 있네.

그들이 생각과 말을 더 많이 하고 더 많이 하면 어떻게 될까.

무지와 착각에서 벗어나 실물 코끼리의 참모습을

있는 그대로 잘 알게 될까.

끝내 불가능하네. 영원히 안 되네.

왜 그럴까. 삿된 길, 단견의 길을 걷기 때문이네."

정말 잘 읽어야 하는 구절이다. 자칫 말의 노예가 되어 뜻을 놓치면 시궁창으로 떨어진다. 사람인 이상, 말과 생각은 반드시 필요하고 대단히 중요하다. 잘 쓰면 약이 되고 잘못 쓰면 독이 되는 것이 말과 생각이다. 먼저 말과 생각이 독이 되는 경우를 보자. 불교적으로 표현하면, '양변, 양극단'의 말과 생각이다. 무지와 착각으로 조작해낸 '토끼 뿔과 거북 털'에 대해 더 많이 생각하고 더 많이 말하면 어떻게 될까? 희론을 끊임없이 확대 재생산하는 것이므로 독이 된다. 내가 맞고 너는 틀렸다고 하며, 대책 없이 싸움질하는 무지와 착각의 편견병에 사로잡히게 된다.

다음은 약이 되는 경우다. 불교적으로 표현하면 응병여약(應病與藥), 중도적으로 하는 말과 생각이다. 습관화된 본인의 생각으로 조작해낸 말과 생각을 버리고, 있는 그대로의 참모습에 직접 마주하여 '응병여약'으로 하는 말과 생각이다. 그렇게 하면 '토끼 뿔과 거북 털'인 희론이 떨어져 나가게 된다.

코끼리에 대한 무지와 착각의 편견병으로 눈이 멀어 와글와글 다투고 있는 사람들에게 실제 코끼리를 직접 대면하도록 하면 어떻게 될까? 그들은 어안이 벙벙해 말을 잃을 것이다. 바로 주장과 다툼을 멈추게 된다. 한 걸음 더 나아가 더불어 함께 할 새로운 앞길이 환히 열리게 된다. 실제 코끼리를 대면케 하듯 문제를 다루는, 오래된 미래의 길인 중도의 길 말고 더 좋은 길이 있을까. 있을 것 같지만 사실은 없다. 헛수고는 그만해도 된다.

붓다와 승찬 스님은 "지극한 진리인 있는 그대로의 참모습은 어떤 말과 생각으로도 온전히 드러낼 수 없다. 하지만 반드시 응병여약의 말과 생각으로 다루어야 한다. 그러므로 '양변, 양극단의 말과 생각이 아니고 응병여약이 되는 중도의 말과 생각이어야 한다."라고 결론 내렸다. 우리가 반드시 가야 할 길은 '양변, 양극단'이 발붙일 수 없는 중도의 길, 한 길뿐이다.

말의 길과 생각의 길이
끊어진 곳

16

양변의 말, 양변의 생각이 끊어지면
온 우주 어디에도 통하지 못할 곳이 없네.

절언절여 絶言絶慮
무처불통 無處不通

총론의 경우를 참고하여 뜻으로 잘 풀고 펼쳐서 정리해보자.

> "중도실상의 형상인 인드라망을 있는 그대로 잘 보시게.
> 실상은 말로 할 수 없지만 부득이하게 말로 하네.
> 코끼리에 대한 무지와 착각의 편견병에 걸려
> 와글와글 싸우는 사람들로 하여금
> 실물 코끼리를 직접 마주하게 해보세.
> 바로 와글와글이 멈추게 되네.
> 그렇게 하면 자연스럽게 나와 너, 이 사람과 저 사람
> 누구나 할 것 없이 함께 하지 못할 사람이 없게 되네."

'절언(絶言)'과 '절려(絶慮)'. 절집, 특히 선가에서 많이 사용하는 놀라운 언어, 위험한 언어인 '언어도단(言語道斷)', '심행처멸(心行處滅)'을 압축한 표현이다. 도대체 말의 길, 생각의 길이 끊어진 자리가 어디에 있는 무엇인가? 말하지 말고 생각하지 말라는 것인가? 아니다. 절언절려는 양극단의 언어, 양극단의 생각을 버리라는 뜻이다. 그러면 온 우주 그 어디, 그 어느 때, 그 누구하고도 함께 하지 못하는 경우가 없다.

한 걸음 더 나아가 중도, 응병여약의 말을 하고, 생각을 해야 한다. 그렇게 하면 새로운 길이 활발하게 펼쳐진다. 온 우주

어떤 존재와도 통할 수 있다. 참으로 멋진 광경, 참으로 통쾌한 이야기 아닌가. 그렇게만 된다면 더 바랄 것이 뭐 있겠는가.

모든 문제는
근본을 잘라내야 해결된다

17

중도, 근본으로 돌아가면 참뜻을 얻게 되고
양극단, 습관화된 생각을 따라가면
본래 취지 잃게 되네.

귀근득지 歸根得旨
수조실종 隨照失宗

총론의 경우를 참고하여 뜻으로 잘 풀고 펼쳐서 정리해보자.

"중도실상의 형상인 인드라망을 있는 그대로 잘 보시게.
실상은 말로 할 수 없지만 부득이하게 말로 하네.
붓다가 발견한 옛길인 중도실상으로 돌아가면
무지와 착각에 빠질 일이 없네.
길 잃고 헤매지 않게 되네.
반면 삿된 길인 양극단, 습관화된 생각의 길을 따라가면
본래 취지를 잃고 헤매게 되네."

실제 상황으로 생각해보자. 여기 빨리 처리하지 않으면 안 될 거대한 나무가 한 그루 있다 해보자. 이 나무를 어떻게 처리할 것인가? "귀근득지(歸根得旨)", 밑동을 바로 자르면 일거에 문제가 해결된다. "수조실종(隨照失宗)", 잎 하나하나 가지 하나하나를 따고 자르는 방식으로 하면, 언제 처리할지 기약할 수 없다. 3아승지겁을 전전긍긍하게 된다. 어떻게 할 것인가? 베어버려야 할 나무를 귀근득지의 방법으로 처리할 것인가, 수조실종의 방법으로 처리할 것인가? 이 예를 사유 음미해보면 우리가 선택해야 할 길이 어느 것인지 그 뜻한 바가 선명해진다.

　삶의 문제를 다루는 그대의 태도는 어떤 방식인가? 우리

는 보통 부정적인 습관을 하나하나 없애는 쪽에 치중한다. 예컨대 자만심을 없애기 위해 자만심을 알아차리고, 후회하고, 없애기 위해 애를 쓰는 것이다. 물론 틀린 방법은 아니다. 하지만 더 나은 방법이 있다. 일상적으로 평소 만나는 상대를 진심으로 존중하기 위해 애쓰는 것이다. 그 사람이 누구든 내 앞에 있는 그를 진심으로 존중하기 위해 노력하면 그 순간 나는 바로 겸허한 사람이 된다. 그렇게 되면 자만심은 저절로 사라진다. 자만심을 다 없앤 뒤에 겸허한 사람이 되는 것이 아니라, 겸허한 사람이 되기 위해 노력하면 자만심은 저절로 사라진다. 내 안의 번뇌를 모두 없애기 위해 애쓰는 것과 지금 당장 해탈열반의 삶을 살기 위해 애쓰는 것은 결과적으로는 같은 것이지만, 실제 삶의 과정에서는 본질적인 차이가 있다. 삶의 뿌리에 주목하고 다루는 태도, 이것이 승찬 스님이 말한 "귀근득지"다.

오직 있는 그대로 보라

18

잠깐이라도 돌이켜 살펴보게.
앞에서 강조한 '텅 빔'의 문제를 잘 넘어서게 될 것이네.

수유반조 須臾返照
승각전공 勝脚前空

총론의 경우를 참고하여 뜻으로 잘 풀고 펼쳐서 정리해보자.

> "중도실상의 형상인 인드라망을 있는 그대로 잘 보시게.
> 실상은 말로 할 수 없지만 부득이하게 말로 하네.
> 잠깐이라도 단단히 정신 차려서
> 차분하고 침착하게 스스로를 돌이켜 관찰 사유하시게.
> 분명 앞에서 중요하게 강조되었지만 의심스러운,
> '텅 빔'의 문제를 잘 넘어서게 될 터이네."

여기에서 매우 중요한 한 가지를 짚어보자. 일반적으로 '유(有)가 중요해, 무[空]가 중요해' 하고 설왕설래하고 있는데, 실제로 더 중요한 것은 정신 차려서 잘 '관찰·사유'하는 것이라고 말하고 있다. 잘 관찰하고 사유하면 있는 그대로의 참모습인 실상을 만나게 되고 그 순간 무[空]니 유(有)니 하는 무지의 양극단, 편견병자들의 싸움인 희론을 바로 멈추게 된다.

평소 잘 느끼지 못하고 있지만 우리들은 대부분 무지와 착각이 습관화된 '양변, 양극단'의 생각과 말로 '유(有)'니 '무[空]'니 하며 희론을 확대 재생산하고 있다. 그렇게 하는 한, 길을 잃고 헤맬 수밖에 없다. 필연적으로 실제 있지도 않은 '토끼 뿔 거북 털'을 찾아 동분서주하게 된다. 또는 소를 타고서 소를 찾아

삼만리를 헤매게 된다.

　　지금 목전에 마주하고 있는 자신의 참모습을 있는 그대로 잘 살펴보고 잘 살펴보라. '유'니 '무'니 하면서 논란하는 단견들이 바로바로 떨어져 나갈 터이다. 단견이 떨어져 나간 그 자리는 어떤 말과 생각으로도 어찌할 수 없다. 소위 말하는 '언어도단(言語道斷) 심행처멸(心行處滅)'이다. 하지만 부득이하게 응병여약(應病與藥)으로 '유와 분리된 무', '무와 분리된 유', '무에 의지한 유', '유에 의지한 무'라고 말해볼 수 있다. 붓다께선 이렇게 말하고 생각하는 것을 중도행이라고 했다.

깨달음에 대한 환상을 버리면
길이 열린다

19

앞의 텅 빔[空]이 계속 바뀌게 되는 것은
모두 다 그대가 조작하는 허망한 소견 때문이네.

전공전변 前空轉變
개유망견 皆由妄見

총론의 경우를 참고하여 뜻으로 잘 풀고 펼쳐서 정리해보자.

"중도실상의 형상인 인드라망을 있는 그대로 잘 보시게.
실상은 말로 할 수 없지만 부득이하게 말로 하네.
앞에서 불교의 심심미묘함의 전부인 것처럼
중요하게 강조되는 '텅 빔'이 온갖 이름과 모양으로 바뀌네.
그렇게 되는 까닭은 오로지
전도몽상인 '양극단'에 사로잡힌 그대의 조작하는
허망한 소견 때문이네."

불교 공부판을 들여다보자. 골머리 아픈 인생의 문제를 해결할
수 있다고 해서 불교 공부와 수행을 한다. 하지만 선방이든 강
당이든, 스님이든 재가이든, 막상 공부를 하면 할수록 골머리가
더 아픈 경우가 태반이다. 참으로 답답하고 안타까운 일이다.
왜 이렇게 될까?

　그렇게 되는 대표적인 이유 하나가 깨달음에 대한 왜곡된
이해와 인식이다. 깨달음은 참된 앎(반야)을 뜻하고 그 앎은 지
금 바로 순간순간 삶으로 실천(바라밀)되어야 할 내용이다. 그런
데 깨달음이 너무 심오하고 신비하기 때문에 어마어마하게 복
잡하고 어려운 과정을 거쳐서 먼 훗날에야 이룰 수 있고, 나아

가 깨닫기만 하면 놀라운 신비와 기적이 펼쳐지는 것으로 설명되고 이해된다. 이에 더하여 '불교는 이렇다 저렇다' 하면서 양적으로 어마어마하게 많아졌다. 불교에 입문할 때부터 그 많아진 모든 것을 다 공부해야 불교를 제대로 하는 것처럼 말하니 그야말로 막막하기 그지없다.

다른 하나의 풍토는 여기선 이렇게, 저기선 저렇게, 이 스님은 '이것이 최고', 저 스님은 '저것이 최고'라고 하니 종잡을 수가 없다. 그뿐인가. 안 그래도 헷갈리는데 '이것이 그대로 저것이고, 저것이 그대로 이것이니, 서로 다를 것이 없다'고 하면서, 불교는 너무 심오하고 신비해서 '말로 설명할 수 없다', 또는 '상식으로는 이해할 수 없다'고 장막을 치니 어찌해볼 도리가 없다. 알면 알수록 깊고 깊은 수렁에 빠지고 만다. 도대체 뭐가 뭔지, 뭘 어떻게 하라는 것인지 망연자실하지 않을 수 없다.

그러면 붓다는 어떤 입장이었을까. 붓다의 입장은 너무나 명료하고 확고했다. 내용이 어마어마하게 복잡하고 어려운 것처럼 되어 있지만, 실제는 그렇지 않다. 붓다는 우리들이 문제 삼는 그 모든 것이 자신의 참모습인 중도실상에 대한 무지와 착각의 병 때문에 온 것이라고 보았다. 그리고 그 병에 대한 '응병여약'으로써 가르침을 설하였다. 그렇지만 수많은 붓다의 가르침은 사실 무지와 착각에 사로잡힌 전도몽상의 허망한 소견에서 깨어나도록, 벗어나도록 하고자 함일 뿐, 그 어떤 다른 사연도 말하지 않았다.

붓다가 뜻한 바를 한마디로 옮기면 "전도몽상인 '양극단의 길'을 버려라. 있는 그대로의 길인 '중도'의 길을 가라."이다. 그러면 바로 분명해진다. 복잡하고 어려울 하등의 이유가 없다.

밤하늘의 달과 호수의
달을 함께 즐겨라

20

애써 진리를 구하려고 할 것 없네.
오직 반드시 양극단인 허망한 소견을 멈추시게.

불용구진 不用求眞
유수식견 唯須息見

총론의 경우를 참고하여 뜻으로 잘 풀고 펼쳐서 정리해보자.

"중도실상의 형상인 인드라망을 있는 그대로 잘 보시게.

실상은 말로 할 수 없지만 부득이하게 말로 하네.

그대가 생각하는 그런 진리 본래 있지 않네.

그대가 생각하는 그런 가짜 본래 있지 않네.

그러니 구하려고 할 것도 버리려고 할 것도 없네.

반드시 필요한 것이 있네.

무지와 착각의 본인 마음으로 조작해낸 '거북이 털'이여,

그런 진짜, 그런 가짜가 실제 있다고 철석같이 믿는 그대여,

무지와 착각에 의한 그 허망한 소견을 버리시게.

멈추시게, 내려놓으시게, 벗어나시게.

그것으로 충분하네."

지금 여기 있는 그대로의 자신의 참모습(육근·육경·육식)에 대한 무지와 착각으로 양극단의 단견에 빠져 있는 어리석은 사람을 비유하는 이야기가 있다.

어느 달 밝은 밤이었다. 원숭이들이 호숫가에서 시끌벅적하게 놀고 있었다. 이 가지에서 저 가지로 뛰놀던 한 원숭이의 시야에 호수에 잠긴 둥근 달이 들어왔다. 야호 하고 뛰어들었

다. 달을 건지려고 너도나도 신이 나서 첨벙첨벙 뛰어들었다. 밤새 기진맥진할 때까지 그랬다. 지칠 대로 지친 원숭이들은 맥없이 널브러져 잠들었다. 그 사이 아침 해가 솟았다. 지금 여기 자신의 참모습 밖에서 길을 찾는 한 인간의 길 찾기도 원숭이와 다를 것이 없다. 어리석은 헛수고다.

거두절미하고 중도, 그대 눈앞에 있는 그대로의 참모습(육근, 육경, 육식)을 있는 그대로 직접 대면하시라. 있는 그대로의 실상에 직면하면 어떨까. 그대와 한 몸, 한 생명인 하늘에 있는 달은 달대로 그 아름다움을 마음껏 누릴 수 있다. 호수에 있는 달은 호수에 있는 달대로 그 아름다움을 마음껏 누릴 수 있다. 아무도 방해하지 않는다. 탓할 사람도 없다. 어떤가. 최고이고 전부 아닌가. 뭘 더 바랄 것이 있겠는가. 하늘의 달과 호수의 달을 마음껏 누리는 기적이다. 그 기적이 어떻게 일어난 것인가. 바로 중도, 지금 여기 있는 그대로의 참모습을 여실지견(如實知見)하는 순간 동시에 펼쳐진 일이다. 이보다 더 멋있는 삶은 그 어디에도 있지 않다. 참으로 정신 차릴 일이다.

말의 길, 생각의 길이
끊어진 자리

21

참과 거짓 등 양극단의 견해에 머물면 안 되네.
삼가고 삼가서 양극단의 소견을 쫓아다니며
찾으려고 하지 말게.

이견부주 二見不住
신막추심 愼莫追尋

총론의 경우를 참고하여 뜻으로 잘 풀고 펼쳐서 정리해보자.

"중도실상의 형상인 인드라망을 있는 그대로 잘 보시게.

실상은 말로 할 수 없지만 부득이하게 말로 하네.

참과 거짓, 무[空]와 유(有), 시(是)와 비(非),

애(愛)와 증(憎) 등

양극단의 견해에 안주하지 말게.

삼가고 또 삼가서 잘 보시게.

그대가 생각하고 믿는 '참과 거짓'은 실체 없는

'토끼 뿔' 같은 것이네.

무지와 착각의 편견병으로 눈이 먼 그대여,

그대가 조작해낸 허망한 것에 속아 쫓아다니지 마시게."

실제로는 없는 것이다. 처음부터 있지 않았다. 그런데도 왜 본래부터 있는 것처럼 여겨질까. 그것은 평소 우리가 눈앞에 있는 중도실상, 있는 그대로의 참모습(오온)을 직접 마주하지 않기 때문이다. 무지와 착각이 습관화된 자기 생각과 말에 빠져, 양극단이 전부인 것처럼 매달려 살아왔기 때문에 생긴 현상이다.

그럼 이제 어떻게 해야 할까. 그대 눈앞에 있는 그대의 참모습을 마주해야 한다. 참모습은 그 어떤 말과 생각으로도 온전히 드러낼 수가 없다. 그야말로 말의 길, 마음의 길이 끊어진 자리다. 그럼에도 불구하고 부득이하게 말과 생각으로 다룰 수밖에 없다. 길은 하나밖에 없다. 바로 중도실상, 있는 그대로의 참모습을 직접 마주하는 것이다. 덧붙인다면 직접 마주한 다음엔 삶을 괴롭히는 병에 맞추어 이 병엔 이렇게, 저 병엔 저렇게 적재적소에 맞게 생각과 말의 약을 쓰면 되는 것이다. 마치 팔만 사천 번뇌병에 팔만 사천 법문의 약을 쓰신 붓다처럼. 소위 말하는 '응병여약(應病與藥)'의 법문인 것이다.

삶의 문제를 해결하는 법을
밖에서 구하지 마라

22

잠시라도 시비하는 마음 내면
바로 혼란에 빠져 본심을 잃게 되네.

재유시비 纔有是非
분연실심 紛然失心

총론의 경우를 참고하여 뜻으로 잘 풀고 펼쳐서 정리해보자.

"중도실상의 형상인 인드라망을 있는 그대로 잘 보시게.
실상은 말로 할 수 없지만 부득이하게 말로 하네.
잠깐이라도 '옳다 그르다' 하고 습관화된
양극단의 마음 일으키면 극심한 혼란에 빠져,
있는 그대로의 평온한 마음 상태를 잃게 되네."

일상의 경험을 짚어보자. 시시비비가 생기기 이전, 그대의 몸과
마음의 상태는 어떠했나? 그만하면 살 만하지 않았는가? 그 삶
이 계속된다면, '날마다 좋은 날' 또는 '무사태평'이라고 해도 좋
았을 것이다. 그대 생각은 어떤가? 지금 짚어본 내용을 동의할
수 있는가?

만일 동의한다면 한 걸음 더 나아가 다음 질문을 해보자.
"그렇게 괜찮은데 왜 시비에 빠졌지?" 왜 시비에 휘말렸을까?
본래 시빗거리가 있었을까? 그렇지 않다. 그렇다면 왜 시비가
생겼을까? 누구 때문일까, 어디서 왔을까, 누가 만들었을까?

시비에는 당연히 상대가 있다. 그렇다면 상대와 나, 두 사
람이 만들었다는 점이 분명하다. 그럼 두 사람 중에 누가 만들
었을까? '내가, 아니면 저 사람이?' 대부분은 '내가 아니고 저 사

람 때문'이라고 생각한다. 실제 그럴까? 그럴 수도 있다. 그렇지만 한 발 더 들어가보자. 상대 때문에 문제가 생겼다 하더라도 내가 마음만 먹으면 안할 수도 있지 않았을까? 또는 달리 접근할 수도 있지 않았을까? 사실을 사실로 짚어보면 더 좋은 기회로 삼아 잘 풀어낼 수 있는 길도 열릴 터이다.

양극단의 사고가 아니고 중도의 사고로 보면 삶의 문제 대부분은 일차적인 책임이 그 삶의 주인인 나에게 있음을 알 수 있다. 만일 그렇다면 어떻게 해야 할까? 내가 달리 풀 수 있는데도, 휘말려서 죽네 사네 해야 할까? 아니면 어려움을 기회로 살려 전환하고 승화시켜 '날마다 좋은 날', '무사태평'의 삶으로 가는 디딤돌로 만들어야 할까? 판단과 선택은 각자의 몫이다.

만일 후자를 선택하겠노라고 마음먹는다면 이미 반은 이룬 것이다. 그다음은 삶의 실제 현장에서 이뤄지도록 조건을 만들기 위해 실력을 갈고 닦고 지극정성으로 노력해야 한다. "내일 지구가 멸망한다 해도 한 그루의 사과나무를 심겠다."라고 한 서양 도인처럼. 살아서도 죽어서도 세세생생토록.

하나도 둘도,
좋음도 나쁨도 없는 자리

◆

23

둘은 하나로 말미암아 있는 것이네.
그러니 하나 또한 고수하려고 하지 말게.

이유일유 二由一有
일역막수 一亦莫守

총론의 경우를 참고하여 뜻으로 잘 풀고 펼쳐서 정리해보자.

"중도실상의 형상인 인드라망을 있는 그대로 잘 보시게.

실상은 말로 할 수 없지만 부득이하게 말로 하네.

둘이라고 생각하지만 실제로는 하나로 인한 둘이네.

하나도 마찬가지이므로 하나도 고수하려고 하지 말게."

'양극단'의 사고가 습관화된 우리들은 대부분 '하나 따로, 둘 따로'라고 여긴다. 그러고는 '하나는 진짜이니 좋고, 둘은 가짜이니 나쁘다'고 하며 열을 올리고 다툰다. 누구 때문일까. 어떻게 해야 다툼을 멈추고 편안해질 수 있을까?

붓다의 말씀대로 중도, 있는 그대로 보자. 그대가 생각하는 것처럼 하나와 분리된 둘이 따로 있을까? 있는 것 같지만 실제로는 없다. 있다고 여기는 것은 '양극단'에 빠져 있는 그대의 생각일 뿐이다. 하나도 마찬가지다. 둘과 분리된 하나가 있을까? 그런 하나는 없다. 있다고 여기는 것 또한 양극단이다. 분리된 하나도, 둘도 없는데 거기에 마음을 붙여 '좋네, 나쁘네' 하는 사고방식이 들어설 자리가 있겠는가?

하나도 둘도, 좋음도 나쁨도 없는 그 자리 그 상태, 양극단이 떨어져 나간 그 상태 그 자리, 발붙이지 못하는 그 자리 그 상

태는 어떨까. '양극단'의 마음으로 시시비비를 조작하지만 않는
다면 그대로 편안하다. 무사태평하다고 해도 되지 않을까? 실
제 삶의 경험과 연결시켜 검토하면 할수록 '양극단'이 문제고,
'중도'가 정답임이 명백하다고 할 수 있지 않을까 싶다. 그렇게
보면 기존한 그 무엇에도 머물지(구애받지) 않고 있는 그대로의
실상에 직면하여 새롭게 마음을 내고 창조의 길을 열어가라고
한《금강경》의 말씀과도 잘 통한다.

삶의 문제를 만드는 건
단견뿐

24

조작하는 한 마음 내지 않으면
온 세상 그 무엇도 문제될 것이 없네.

일심불생 一心不生
만법무구 萬法無咎

총론의 경우를 참고하여 뜻으로 잘 풀고 펼쳐서 정리해보자.

> "중도실상의 형상인 인드라망을 있는 그대로 잘 보시게.
> 실상은 말로 할 수 없지만 부득이하게 말로 하네.
> 양극단의 소견에 사로잡혀 조작하는 한 마음만 내지 않는다면
> 온 우주의 그 어디, 그 무엇 하나도 문제될 것이 없네."

중도, 있는 그대로 읽어보자. 삶의 문제가 팔만 사천 가지 있는 것처럼 보이지만 내용을 있는 그대로 잘 짚어보면 그 원인은 '하나네, 둘이네', '좋네, 나쁘네' 하고 조작하는 무지와 착각의 한 마음에서 비롯되고 있음을 알 수 있다. 그 한 마음이 작동하지 않는다면 그 밖의 어떤 것도 문제될 것이 없다.

유식학의 '일수사견(一水四見)' 이야기로 예를 들어보자.

어느 날 선녀와 물고기와 사람이 만났다. 선녀는 호수라는 거울에 비친 자기 얼굴의 아름다움에 도취해 있었다. 물고기는 호수라는 자기 집에서 마음껏 놀던 기분으로 흥분에 들떠 있었다. 사람은 호수라는 수영장에 들어가 시원하게 목욕하고 기분이 좋아 콧노래가 절로 나오고 있었다. 선녀는 호수를 거울이라고 자랑하고, 물고기는 호수를 집이라고 자랑하고, 사람은 호수를 수영장이라고 자랑했다. 그러다 끝내는 말다툼으로, 싸움으

로 빠져들었다. 말 그대로 아수라장이 되었다.

이 친구들은 왜 싸우게 되었을까? 싸울 이유가 있었을까? 해결하려면 어떻게 해야 할까? 붓다께 여쭈면 뭐라고 말씀하셨을까? 보나마나 평소처럼 말씀하셨을 터이다.

"호수가 거울이라고? 그것은 단견이야! 집이라고? 그것도 단견이야. 수영장이라고? 그것도 역시 단견이야. 모두 다 실상과는 관계없이 자기 색안경으로 보고 단정하고 있는 것일 뿐이야. 모두 양극단의 사고방식이야. 양극단을 버리고 중도적으로 바라봐야 해. 호수라고 불리는 그 자체에 있는 그대로 마주해 봐. 그 자체는 어떤 말로도 단정할 수 없어. 그런데도 각자 자기 생각으로 '거울', '집', '수영장'이라고 단정하고 있는 거야."

중도, 있는 그대로 보면 어떨까? 그래도 내 생각과 판단이 옳고 맞다고 하며 싸우게 될까, 아니면 호수를 보고 물고기는 집이라고 하고 선녀는 거울이라고 하고 사람은 수영장이라고 하고 있구나, 하며 실상을 잘 이해하고 존중하고 배려하여 더불어 어울리는 길이 열릴까? 정말 잘 살펴볼 일이다.

무지와 착각에서 벗어나야
해결된다

25

허물(문제)도 없고 허물될 것(법)도 없네.
허물될 것(법)이 생겨남도 없고 허물될 것(법)을
조작하는 마음도 없네.

무구무법 無咎無法
불생불심 不生不心

총론의 경우를 참고하여 뜻으로 잘 풀고 펼쳐서 정리해보자.

"중도실상의 형상인 인드라망을 있는 그대로 잘 보시게.

실상은 말로 할 수 없지만 부득이하게 말로 하네.

문제라고 여길 허물이 없네. 허물될 그 어떤 것(법)도 없네.

허물될 것(법)이 생긴 적도 없네.

허물될 것(법)이 생기도록 조작하는 마음도 없네."

경전에 나오는 이야기와 연결해서 생각해보자.

- 새벽길을 나선 나그네가 "뱀이야!" 하고 소리를 질렀다.
- "몽둥이 어딨어, 몽둥이." 하고 소란을 피웠다.
- 친구의 조언을 듣고 현장을 확인했다.
- 뱀은 없고 뱀 비슷한 나뭇가지만 있었다.
- 나뭇가지를 뱀으로 착각했음을 알았다.
- 착각했던 것일 뿐, 뱀이 본래 없음을 확인하는 순간

  불안과 공포가 사라졌다. 저절로 편안하고 자유로워졌다.

삶의 문제 대부분이 지금 여기 직면하고 있는 자신의 참모습에

대한 무지와 착각에서 비롯되고 있음을 기억해야 한다. 그 무지

와 착각에서 벗어나려고 하면 어떻게 해야 할까. 뜻이 명료하게 드러나도록 번호를 붙여 진행되는 흐름을 보자.

① 나뭇가지를 나뭇가지로 알지 못함

② 나뭇가지를 뱀으로 착각함

③ "뱀이야!" 하며 공포에 떪

④ 몽둥이 찾아 허둥댐

⑤ 조언을 들음

⑥ 현장을 확인함

⑦ 뱀은 없고 나뭇가지만 있음

⑧ 뱀 없음을 확인하는 순간 공포 사라짐

⑨ 저절로 편안하고 자유로워짐

⑩ 열린 마음으로 가야 할 참된 길을 잘 갈 수 있게 됨

그야말로 삼계화택(三界火宅)이라고 하듯이 온갖 일들이 벌어졌다. 그런데 그 실체는 무엇인가. 사실을 확인해본 결과 무지와 착각의 마음 말고는 그 무엇도 있지 않았다. 알고 보니 그 무지와 착각의 마음도 실체가 없었다. 그 뜻을 승찬 스님은 "허물도 없네. 허물될 것(법)도 없네. 허물될 것(법)이 생함도 없네. 허물될 것(법)을 조작하는 마음도 없네."라고 설명하고 있다. 앞서

지금까지 설명했던 것과는 반대 방향으로 승찬 스님이 말한 네 단어를 다시 뱀의 비유로 설명해보자.

① 불심(不心), 뱀이라는 마음은 무지와 착각으로 조작한 것일 뿐 본래 없었다. 물론 실제로 뱀도 없다.

② 불생(不生), 마음이 본래 없는데, 없는 마음이 실제 뱀을 생기게 할 수 있을까? 없다.

③ 무법(無法), 뱀이 생긴 적이 없는데 그 뱀이 있을 수 있을까? 없다.

④ 무구(無咎), 뱀이 없는데 불안과 공포에 떨 일이 있을까? 없다.

처음부터 끝까지 무지와 착각으로 조작해낸 '토끼 뿔, 거북 털'이라는 말씀이다. 안타깝게도 우리들은 허수아비에 속아서 죽네 사네 하면서 전전긍긍하고 있다. 참으로 허망하고 허망한 것인데 우린 왜 바보처럼 그것을 붙잡으려고 안달복달하며 "못 살아, 못 살아." 하고 아우성칠까. 우리들의 가엾은 신세를 붓다는 '삼계화택 영겁윤회'라고 안타까워하시며 그 감옥에서 벗어나는 길을 알려주셨다. 큰 자비심으로 그 길을 알려주기 위해 일생 정진하고, 또 정진하셨다. 어찌 고맙지 않겠는가.

네가 있어야 내가 있다

26

주관은 경계를 따라 소멸하네.
경계는 주관을 쫓아 침몰하네.

능수경멸 能隨境滅
경축능침 境逐能沈

총론의 경우를 참고하여 뜻으로 잘 풀고 펼쳐서 정리해보자.

> "중도실상의 형상인 인드라망을 있는 그대로 잘 보시게.
> 실상은 말로 할 수 없지만 부득이하게 말로 하네.
> '능인', 육근은 육경을 따라 소멸하고,
> '경인', 육경은 육근을 따라 침몰하네."

구체적으로 경험되도록 있는 그대로의 실제를 놓고 이야기해보자.

지금 그대를 상대하는 나는 '능(能)'인 주관이다. 지금 나를 상대하는 그대는 '경(境)'인 객관이다. 생각해보자. 만일 '경'인 그대라는 그물코가 없다면 '능'인 나라는 그물코가 성립될 수 있을까? 될 수 없다. 반대도 마찬가지다. 아무리 엎었다, 뒤집었다 해도 분리독립, 고정불변한 나도, 너도 있지 않기 때문이다. 군이 말한다면 '너'라는 그물코에 의지해 '나'라는 그물코가 있다. 그 반대도 또한 그러하다.

더 쉬운 예를 들어보자. 너와 나는 한 몸의 왼손과 오른손, 또는 한 손의 손등과 손바닥과 같다. 그렇다면 너는 나에게 누구인가. 나를 있게 하는 유일무이한 어버이시다. 어떻게 마음 쓰고 말하고 살아야 할까. 있는 그대로의 참모습에 직접 마주하여 거기에 맞게 마음을 내고 써야 하는데, 어떻게 해야 할까? 이어지는 구절과 연결시켜 깊이 관찰 사유하고 음미할 일이다.

양극단이 떨어진 상태가
해탈이고 열반이다

27

경계는 주관을 말미암아 경계요,
주관은 경계를 말미암아 주관이네.

경유능경 境由能境
능유경능 能由境能

총론의 경우를 참고하여 뜻으로 잘 풀고 펼쳐서 정리해보자.

"중도실상의 형상인 인드라망을 있는 그대로 잘 보시게.

실상은 말로 할 수 없지만 부득이하게 말로 하네.

육경은 육근을 말미암아 육경이요,

육근은 육경을 말미암아 육근이네."

붓다께 여쭈어보는 게 좋겠다.

"붓다시여. 주관이 중요합니까?"

"그것은 단견이네."

"객관이 중요합니까?"

"그것도 단견이네."

"그럼 무엇이 중요합니까?"

"양극단을 버리고 중도적으로 해야 하네.

주관은 객관을 말미암아 주관이고,

객관은 주관을 말미암아 객관이네.

중도실상 그 자리엔 이것저것 나뉘어 있지 않네.

하나는 좋고 하나는 좋지 않고 하는 양극단이

발붙이지 못하네.

양극단이 떨어진 그 상태, 발붙이지 못하는 그 자리가

131

해탈이고 열반이네.

양극단으로 하면 영원히 창과 방패 싸움이 되고

중도로 하면 밥상을 맞듦이 되네.

하나는 '너 죽고 나 살자'의 길이고,

하나는 '너도 살고 나도 사는' 길이네.

여래는 다만 길을 가리킬 뿐이네.

가고 안 가고는 그대의 몫이네. 참고하시게."

소리 없는 귀,
귀 없는 소리

28
두 가지를 알고자 하는가.
원래 두 가지 다 하나의 텅 빔이네.

욕지양단 欲知兩段
원시일공 元是一空

이 구절을 보면 교학의 백미인 《중론》이 떠오른다. 특히 팔불 중도(八不中道)를 압축한 한마디로 읽힌다. 말하여 선(禪)과 교(敎)의 만남이라고 할 법하다.

총론의 경우를 참고하여 뜻으로 잘 풀고 펼쳐서 정리해보자.

"중도실상의 형상인 인드라망을 있는 그대로 잘 보시게.
실상은 말로 할 수 없지만 부득이하게 말로 하네.
육근(六根), 육경(六境)의 실상을 알고자 하는가.
원래 육근, 육경도 그 실상은 하나의 텅 빔이네."

결론인 '텅 빔'이라는 말이 쉽지 않다. 엄연하게 육근도, 육경도 있는데 이것저것 할 것 없이 '공(空, 텅 빔)'이라고 하니 뭘 어찌하라는 것인지 아리송하다. 이럴 때마다 붓다는 있는 그대로의 길, 중도적으로 하라고 하셨다. 여기에서 중도적으로 한다면 뭘 어떻게 해야 할까? 일단 글을 앞 구절과 연결시켜서 꼼꼼하게 읽어보자.

글 그대로 보면, "육근은 육경을 따라 소멸하고, 육경은 육근을 쫓아 침몰하네." 또는 "육경은 육근을 말미암아 육경이요, 육근은 육경을 말미암아 육근이네."라고 되어 있다.

무슨 뜻인가. 듣는 귀와 듣는 대상을 실례로 이야기해보자.

지금 내 귀에 새소리가 들린다. 귀가 왜 귀인가? 소리를 듣기 때문이다. 만일 듣지 못한다면 귀는 귀 모양으로 생긴 고깃덩어리지, 귀라고 할 수가 없다. 소리는 왜 소리인가? 소리가 나고 들리기 때문이다. 소리가 나지도, 들리지도 않는 것을 소리라고 할 수는 없다. 소리가 없는데도 귀로 들을 수 있는가? 그럴 수 없다. 귀에 들리지 않는데도 그것을 소리라고 하는가? 그렇지 않다. 사실을 있는 그대로 확인한 결과가 무엇인가? 소리 없는 귀는 성립되지 않는다. 귀 없는 소리도 성립되지 않는다.

이렇게 봐도 저렇게 봐도 육경 없이 육근이 홀로 육근이 될 수 없고, 육근 없이 육경 스스로 육경이 될 수 없다. 각각 분리되어 따로따로 있는 것처럼 보이지만 그것은 있는 그대로의 참모습에 대한 그대의 무지와 착각이 조작해낸 현상일 뿐이다.

서로 의지해야만 육근도, 육경도 성립된다. '공(空)', 텅 빔이란 아무것도 없다는 것이 아니고 분리되어서 따로 또는 홀로는 없다는 말이다. 그러니까 육근은 육근대로, 육경은 육경대로 따로따로 있는 것처럼 보이지만 그것은 있는 그대로의 참모습에 대한 그대의 무지와 착각이 조작해낸 결과일 뿐이다. 실상은 서로 의지해서 흘러가고 있는 것이지 따로, 홀로는 없다는 뜻이다.

이제 〈신심명〉 구절과 연결시켜보자.

귀는 주관이고 소리는 객관이다. 객관 없는 주관, 주관 없는 객관은 성립하지 않는다. '주관이 따로 있다.' 그것은 하나의 단견이다. '객관이 따로 있다.' 그것도 하나의 단견이다. 붓다는 두 개의 단견을 버리라고 했다. 그러고는 중도, 있는 그대로의 길을 가라고 했다. 붓다의 말씀대로 있는 그대로의 길을 가보면 그 내용이 무엇인가? '주관에 의지한 객관이므로 주관 없는 객관은 공이다.' '객관에 의지한 주관이므로 객관 없는 주관은 공이다.' 양극단을 버리면 그다음은 무엇인가? 있는 그대로의 참모습이다. 참모습은 말로 할 수 없는 것이지만 부득이하게 말로 표현하면 '실상'이다.

실상은 말로 할 수 없지만 그럼에도 불구하고 응병여약(應病與藥)이 되도록 다시 말로 정리한다. '주관에 의지하여 객관이 있고, 객관에 의지하여 주관이 있다.' 그러므로 '원래 두 가지 다 하나의 텅 빔이다'라고 하는 것이다. 어떤가. 〈신심명〉의 뜻에 공감이 되는가. 깊이 사유 음미해보시라.

미워하는 사람까지도
내 삶을 이루는 한 요소

29

하나의 텅 빔[空]이여, 두 가지 모두도 동일하네.
일제히 삼라만상을 빠짐없이 품어 안네.

일공동양 一空同兩
제함만상 齊含萬象

총론의 경우를 참고하여 뜻으로 잘 풀고 펼쳐서 정리해보자.

> "중도실상의 형상인 인드라망을 있는 그대로 잘 보시게.
> 실상은 말로 할 수 없지만 부득이하게 말로 하네.
> 하나의 텅 빔이여, 주관 객관 모두도 동일하네.
> 어느 하나 빠짐없이 삼라만상을 다 품어 안네."

여기에 염주가 있다. 열 개의 구슬로 만들어진 염주다. 만일 그 중에 하나의 구슬이 빠지면 어떻게 될까. 그 즉시 구슬 열 개짜리 염주는 성립되지 않는다. 별별 신통을 부려도 열 개의 구슬로 이루어진 염주는 만들어지지 않는다. 왜 그럴까? 인드라망, 진리가 그러하기 때문이다.

그 진리를 내 삶으로 끌어들여 보자. 내 삶과 연결된 그 어떤 것도 내 삶을 완성시키도록 하는 구슬 아닌 것이 없다. 하나하나가 반드시 있어야 하는 너무나 소중한 구슬들이다. 심지어 그대가 미워하는 누군가도 소중한 구슬이다. 그대가 싫어하는 똥도, 그대가 불편해하는 장애물도 없어선 안 되는 구슬이다. 이 사실을 사실대로 참되게 알면 어떻게 될까? 기꺼이 상대를 이해하게 될 것이다. 존중하게 될 것이다. 서로 소통하고 배려하며 함께 하려고 할 것이다.

그러면 그 삶이 어떻게 될까? 화목한 삶, 평화로운 삶, 아름다운 삶이 되지 않을까. 이렇게 명료하고 확실한 것이라면 불교 공부와 수행을 할 만하지 않은가.

온전한 텅 빔은
인드라망과 같다

30

정밀한 것도, 거친 것도 볼 수 없네.
어찌 이 편, 저 편 하고 무리를 짓겠는가.

불견정추 不見精醜
영유편당 寧有偏黨

총론의 경우를 참고하여 뜻으로 잘 풀고 펼쳐서 정리해보자.

> "중도실상의 형상인 인드라망을 있는 그대로 잘 보시게.
> 실상은 말로 할 수 없지만 부득이하게 말로 하네.
> 온전한 텅 빔 어디에도 정밀한 것, 거친 것 볼 수 없네.
> 어찌 그 안에 이쪽 편, 저쪽 편 하고 편 가름 있겠는가."

사실 '공(空)', 텅 빔이라는 말에 담긴 뜻이 쉽지 않다. 참된 진리, 중도실상, 본래붓다, 본래면목, 참된 모습에 대해《화엄경》에서는 '중중무진 연기의 세계', '인드라망 세계'라고 하는데, '연기의 실상'을 '인드라망'이라고 표현한다. '인드라망'과 연결지어 '텅 빔'을 인드라망의 투명 구슬이라고 생각해보면 이해에 도움이 되지 않을까 싶다.

인드라망 투명 구슬엔 온 우주 삼라만상의 영상이 모두 담겨 있다. 그물코마다 달려 있는 구슬들이 서로서로가 끊임없이 반영하고 반사한다. 이 구슬은 저 구슬에, 저 구슬은 이 구슬에, 너의 구슬은 나의 구슬에, 나의 구슬은 너의 구슬에, 이 나라의 구슬은 저 나라의 구슬에, 저 나라의 구슬은 이 나라의 구슬에, 저 종교의 구슬은 이 종교의 구슬에, 이 종교의 구슬은 저 종교의 구슬에, 인간의 구슬은 자연의 구슬에, 자연의 구슬은 인간의 구슬에 끝없이 반영하고 반사한다.

　　온 우주 만물이 그 어느 하나도 분리되거나 그 어느 한순간도 고정되어 있지 않은 세계, 그물의 그물코처럼 겹겹으로 무궁무진하게 연결되어 활동하고 있음을 드러내는 인드라망. 그리고 그 실상을 낱낱이 비추는 투명 구슬. 이 실상은 어떻게 해도 설명이 불가능하기에 끝내는 '신비하다', '불가사의하다', '기적이다'라고밖에 달리 표현할 길이 없다. 거듭거듭 관찰 사유할 일이다.

참된 진리는 쉽지도 않고,
어렵지도 않다

31

참된 진리는 그 자체가 사방으로 열려 있네.
그러므로 그 진리는 어려울 것도, 쉬울 것도 없네.

대도체관 大道體寬
무이무난 無易無難

총론의 경우를 참고하여 뜻으로 잘 풀고 펼쳐서 정리해보자.

"중도실상의 형상인 인드라망을 있는 그대로 잘 보시게.
실상은 말로 할 수 없지만 부득이하게 말로 하네.
참된 진리는 시간적으로는 영원히,
공간적으로는 무한히 열려 있네.
그러므로 그 진리는 쉽다고 단정할 수도 없고,
어렵다고 단정할 수도 없네."

중도, 있는 그대로 읽어보자. '참된 진리는 사방으로 열려 있다'는 것이 무슨 뜻일까? 인드라망 비유와 연결시켜 생각해보자. 그물 중에 어느 한 그물코를 집어 들어보자. 어디까지 연결되어 있을까. 있는 그대로 보면 그물코 하나하나는 온 그물코에 연결되어 있다. 그 어디도 단절되거나 막혀 있지 않다. 전체로 활짝 열려 있다. 열려 있음의 의미를 의상 스님은 〈법성게(法性偈)〉에서 "하나 가운데 전체요, 전체가 그대로 하나이네."라고 노래하였다.

그러면 '쉬울 것도, 어려울 것도 없다'는 것이 무슨 뜻일까? 붓다의 말씀으로 보면 '쉽다'는 선입견 그것은 단견이다, '어렵다'는 선입견 그것도 역시 단견이다. 붓다는 지금 여기 자신의 참모습에 대한 무지와 착각으로 습관화된 두 단견을 버리라고 했다. 우리가 생각하는 방식의 '쉬운 것'은 없다. 우리가 생각하는 방식의 '어려운 것'도 없다. 쉽다, 어렵다고 하는 단견을 붙들고 길을 가는 한 '업은 아기 3년 찾는' '삼계화택 영겁윤회'의 삶을 벗어날 길이 없다.

그러므로 반드시 중도의 길을 가야 한다. 중도, 있는 그대로의 참모습을 직접 마주하면 세수하다 코 만지는 격으로 누구나 할 것 없이 바로 경험된다는 이야기이다. 어떤가. 그대가 생각하는 '쉽다'와 '어렵다'가 있는가? 없다. 그러면 무엇이 있는가? 어려움의 조건인 양극단, 무지와 착각의 길을 갈 것인가, 아니면 쉬움의 조건인 중도, 있는 그대로의 길을 갈 것인가. 그 여부에 따라 좌우된다는 말이다. 정신 바짝 차려야 한다.

잠시라도 방심하면 단견에 빠지게 된다. 무지와 착각에 빠지게 된다. 왜 그런지 시시때때로 학습 탁마하는 것이 반드시 필요하고 중요하다는 것을 명심할 일이다.

바른 길이 아니면
서둘러도 더디다

32

여우같이 좁은 소견이여,
급하게 하면 할수록 더욱 더뎌지네.

소견호의 小見狐疑
전급전지 轉急轉遲

총론의 경우를 참고하여 뜻으로 잘 풀고 펼쳐서 정리해보자.

"중도실상의 형상인 인드라망을 있는 그대로 잘 보시게.

실상은 말로 할 수 없지만 부득이하게 말로 하네.

대나무 구멍 같은 좁은 소견으로

여우 같은 의심에 사로잡혀 있네.

그렇게 하면 소 타고 소 찾는 것처럼

빨리 하려고 할수록 더욱 더뎌지네."

여기에서 떠오르는 물음이 있다. "여우같이 좁은 소견"이라는 말의 뜻이 구체적으로 무엇인가? '좁은 소견'은 양극단, 무지와 착각을 뜻한다. 그 길을 가면 무슨 문제가 생길까? '업은 아기 3년 찾는 꼴'이 된다. 첫 단추를 잘못 낀 상태에서는 다음 단추를 아무리 빨리 끼워도 바른 길과는 계속 멀어지고 멀어질 뿐이다. 그래서 옛 스승들은 "차라리 지옥에 들어갈지언정 삿된 길에 들어가선 안 된다."라고 경책하셨다. 이 삿된 길이 양극단인 변견(邊見)이다.

그리고 반드시 있는 그대로의 길, 중도의 길을 가야 한다고 거듭거듭 입이 쓰도록 강조하셨다. "양극단의 길, 그 길은 삿된 길이야. 죽어도 그 길로 가서는 안 돼. 중도의 길, 그 길이 참되고 바른 길이야. 살아서도 죽어서도, 꿈속에서도 깨어서도, 금생에도 내생에도 반드시 그 길을 가야 돼"라고.

붓다께서 일생 우리에게 알려주신 내용은 이 두 마디가 전부다.

"양극단의 길은 반드시 버려야 돼. 반드시 중도의 길로 가야 해."

새기고 또 새겨야 할 일이다.

어느 하나만 옳다고 하는 것은
단견이다

33

변견, 양극단의 길에 집착하면 바라밀의 길을 잃네.
불을 보는 것처럼 틀림없이 삿된 길에 빠지게 되네.

집지실도 執之失度
필입사로 必入邪路

149

총론의 경우를 참고하여 뜻으로 잘 풀고 펼쳐서 정리해보자.

"중도실상의 형상인 인드라망을 있는 그대로 잘 보시게.

실상은 말로 할 수 없지만 부득이하게 말로 하네.

앞 구절의 여우 같은 소견에 집착하면

가야 할 참된 길을 잃게 되네.

보나마나 불을 보듯 틀림없이 지옥보다도 더 무서운

삿된 길에 빠지게 되네."

참 무서운 말이다. 털끝만큼이라도 어긋나면 '삼계화택 영겁윤회'의 세계로 들어가는 삿된 길에 빠진다니 참으로 두렵다. 붓다의 말씀처럼 삶의 실상을 있는 그대로 보면 어느 한 곳, 어느 한순간도 백척간두 아닌 적이 없다. 어찌 정신 차리고 살지 않을 수 있겠는가?

문득 '붓다는 이제(二諦)에 의지하여 불법을 설명한다. 그러므로 이제를 모르면 불교를 모른다. 이제를 모르면 열반은 이루어지지 않는다'는 《중론》의 말씀이 떠오른다. 마침 잘 됐다. 붓다께 물어보면 좋겠다.

분명 《중론》의 이제 설명을 뜻으로 보면 진제(眞諦), 속제(俗諦)는 설해진다 알 수 있다. 잘 알아야 열반이 이뤄진다고 읽힌다. 그렇기 때문에 이제론을 현실과 연결시켜 불교적으로 해석하고 설명하고 문제를 풀어 새로운 길을 열 수 있도록 해야 마땅하다는 생각으로 붓다께 묻는 형식으로 이야기를 해볼까 싶다.

"붓다시여, 붓다의 설법 중에 속제는 무엇이며 진제는 무엇입니까?"

"속제를 말해보겠다. 초전법륜에서 말했듯이 향락의 길과 고행의 길이 양극단이므로 버리라고 했다. 바로 양극단의 진리가 속제다. 같은 맥락에서 가끔 나타나는 '마라'도 속제 현상이다. 고성제와 집성제, 전법선언의 우리를 구속하는 신과 인간, 《범망경》의 62견 등이 모두 속제다. 진제를 말해보겠다. 속제에 의지하여 응병여약(應病與藥)으로 설한 것이 언어로 표현된 '중도의 길', 진제다. 바로 초전법륜의 중도다. 같은 맥락에서 '멸성제와 도성제', 전법선언의 '신과 인간으로부터의 자유', 《범망경》의 '중도', 마라를 알아채는 붓다 등이 모두 진제다."

또한 〈신심명〉의 간택, 증애, 역순, 위순, 취사, 시비, 이견 등은 양극단의 속제다. 일종(一種), 일공(一空), 현지(玄旨), 지도(至道), 대도(大道), 일승(一乘), 정각(正覺), 중도의 진리 등은 응병여약의 진리, 진제다.

응병여약으로는 그렇거니와 궁극적으로 실상은 말로 표현

할 수 없다. 하지만 중생교화를 위해 부득이하게 말로 하는 것이다. 부득이하게 말하는 것을 진제라고밖에 달리 어떻게 할 수 있을까? 이쯤에서 거두절미하고 붓다께서 묻는 방식으로 정리한다.

"그럼, 붓다시여. 속제가 옳습니까, 진제가 옳습니까?"

"속제가 옳다는 것은 단견이다. 진제가 옳다는 것도 단견이다. 중도, 있는 그대로를 굳이 말로 하면 '속제에 의지한 진제', '진제에 의지한 속제'다. 이 점을 여실지견하는 것이 중도다."

여기까지는 내가 '붓다는 이제에 의지하여 설명한다' 또는 '응병여약으로 설한다'는 취지에 맞추어 현실에 적용할 수 있도록 풀고 정리한 것이다. 그런데 내가 본 반야중관학자들의 이야기는 솔직하게 잘 모르겠고, 특히 현실적으로 어떻게 하라는 것인지 오리무중이다. 모를 때엔 묻는 것이 최고라는 마음으로 옆에 있는 상연 스님에게 도움을 청했다. 다음은 상연 스님의 설명이다.

"반야중관적 관점에서는 말로 다루어진 모든 불교적 담론은 모두 속제다. 더 나아가 생각의 대상이 되는 것은 모두 속제다. 다시 말해서 분별에 떨어진 것은 속제다. 여기에 근거한다면 경전에 쓰인 말씀, 논에 쓰인 말씀 모두 속제다. 유위와 무위, 삼법인, 사성제, 팔정도, 십이연기, 22근, 37보리분법 등등이 모두 속제다.”

　물론 부분적으로만 인용했기 때문에 상연 스님이 설명한 의도가 제대로 살려졌는지는 잘 모르겠다. 그러나 반야중관학자들의 이야기 역시 대체로 크게 달라 보이지 않는다. 평범한 내가 봤을 때는 '말로는 이렇게 해도, 저렇게 해도 안 된다'로 읽힌다. 만일 그렇다면 말을 떠나 삶의 문제를 다루고 풀어내고 만들어낼 수 있는 또 다른 길이 있는가 하고 묻지 않을 수 없다. '중도, 응병여약, 실상은 말로 할 수 없다. 하지만 부득이하게 말로 한다'라고 하는 불조의 뜻하고도 연결이 되지 않는다는 생각이다. 지금은 이 정도로 의견을 멈추지만 그러나 한 가지를 제안한다. 반야중관 또는 불교 전문가들께서 충분한 대화와 토론을 통해 중생교화를 위한 여래의 진실한 뜻이 잘 드러나도록 정리하는 판이 만들어지길 기대한다.

훌훌 털어버리면
해결된다

34

집착을 내려놓으면 저절로 되네.
왜 그럴까. '실상', 참모습 그 자체엔
감도 머무름도 없네.

방지자연 放之自然
체무거주 體無去住

총론의 경우를 참고하여 뜻으로 잘 풀고 펼쳐서 정리해보자.

"중도실상의 형상인 인드라망을 있는 그대로 잘 보시게.

실상은 말로 할 수 없지만 부득이하게 말로 하네.

'변견(邊見)', 여우 같은 소견에 대한 집착을 놓게나.

그러면 저절로 되네.

왜 그런가. '실상', 참모습 그 자리엔

감도 머무름도 없기 때문이네."

두 구절을 연결시켜 읽었다. 맞춰서 내용을 보면 '실상', 있는 그대로의 참모습 그 자리엔 아무 문제도 없다. 문제는 '나는 옳고, 너는 그르다'는 여우의 소견을 고집할 것인가, 훌훌 털 것인가이다. 고집하면 계속 문제가 되고 훌훌 털면 바로 괜찮다는 이야기다. 그러나 여전히 어떻게 집착을 놓을 것인가, 가볍게 툴툴 털 것인가 하는 문제가 남는다. 붓다는 한결같이 중도, 있는 그대로의 참모습을 여실지견하는 길을 가라고 한다. 그 길을 이해하는 데 도움을 주는 비유가 무지와 착각으로 인한 뱀이다. 잘 참고하면 이해가 될 터이다.

불교의 수행이 대단히 복잡해 보이고, 또 그 길도 여러 가지인 듯이 보인다. 하지만 간단하게 이야기하면 불교 수행은 사고방식과 삶의 태도를 바꾸는 것이다. 좀 더 쉽게 이야기하면 소견머리와 버르장머리를 고치는 것이라고 할 수 있다. 붓다는 자기 변화와 향상을 가져오는 확실한 길은 '중도', 있는 그대로의 참모습을 '여실지견' 하는 데서부터 시작된다고 가르쳐주셨다.

꽃이 빛나면
그대도 빛난다

35

참모습에 맡기면 참 진리에 부합하네.
번뇌에 구애받음 없이 할 일 다 하게 되네.

임성합도 任性合道
소요절뇌 逍遙絶惱

총론의 경우를 참고하여 뜻으로 잘 풀고 펼쳐서 정리해보자.

> "중도실상의 형상인 인드라망을 있는 그대로 잘 보시게.
> 실상은 말로 할 수 없지만 부득이하게 말로 하네.
> 있는 그대로의 참모습에 맡기게. 저절로 참 진리에 부합하네.
> 번뇌에 구애받음 없이 초전법륜의 길을 유유히 가는
> 붓다처럼 되네."

일상적으로 경험할 수 있는 내용으로 연결하여 설명해본다. 지금 여기저기 피고 지는 꽃의 문제를 중도적으로 다루려면 어떻게 해야 할까? 마땅히 자기 생각대로 하지 말고 당사자인 꽃에게 물어보는 것이 첫째다. 그다음은 그 꽃에 유익하도록 해야 한다. 그렇게 하면 어떻게 될까? 물론 꽃이 잘 자라고 아름답게 피고 좋은 결실도 맺게 된다. 그럼 누구에게 좋을까? 보나 마나 꽃에게 좋을 것이다. 그대에게는 어떨까? 말할 것도 없이 그대에게도 좋을 것이 틀림없다.

그야말로 꽃도 빛나고 그대도 빛나고 대상도 빛나는 일이다. 어떤가. 삶이 편안하고 아름답지 않은가. 그만하면 살아볼 만하지 않겠는가. 참으로 너나없이 우리 모두가 그리는 유유자적의 삶이라고 할 법하다.

단견을 버려야
실상을 마주할 수 있다

36

자기 생각에 얽혀 있으면 여지없이 진리에 어긋나네.
혼미함(자기 생각)에 빠져 있는 것은 백번 좋지 않네.

계념괴진 繫念乖眞
혼침불호 昏沈不好

총론의 경우를 참고하여 뜻으로 잘 풀고 펼쳐서 정리해보자.

> "중도실상의 형상인 인드라망을 있는 그대로 잘 보시게.
> 실상은 말로 할 수 없지만 부득이하게 말로 하네.
> '양극단'의 생각에 사로잡혀 있으면
> '중도'의 진리로부터 크게 어긋나네.
> '양극단'의 생각(혼침)에 깊이 잠겨 있는 것은
> 털끝만큼도 좋을 것이 없네."

그 누구도 자기 생각에 사로잡혀 있는 것이 좋을 리 없다. 마찬가지로 너 나 할 것 없이 혼미함에 빠져 있고 싶지도 않을 것이다. 늘상 문제가 되는 그 자기 생각, 혼미함에서 벗어나려면 어떻게 해야 할까?

우리는 보통 어떤 상황 또는 사람을 만날 때 자기 생각으로 만들어낸 사전 정보를 가지고 만난다. 긍정적이든, 부정적이든 선입견을 가지고 만나서 그 선입견에 걸려, 있는 그대로의 일, 있는 그대로의 사람을 만나기가 어렵다. 반면 중도로 만난다고 하는 것은 어떤 선입견에도 구애 받음 없이 자유롭게 있는 그대로의 일, 사람을 만나는 것이다. 긍정이라는 단견, 부정이라는 단견을 버리고 떠나서 자기 생각에 얽매이지 않은 채 그대로 만나게 되면, 그 일 또는 그 사람의 실상을 제대로 알게 된다. 그리고 어떻게 할지에 대해 바람직한 판단을 할 수 있다.

중도야말로 양극단, 자기 생각과 혼미함에서 벗어나는 확실한 길이다. 무지와 착각에 빠져 온갖 시시비비에 휘말려 어찌할 바를 몰라 전전긍긍하는 상황에서는 즉각 있는 그대로의 현장을 직접 확인하는 것이 최고의 약이다. 약을 먹는 바로 그 순간 '아, 내가 나뭇가지를 있는 그대로 알지 못하고 뱀으로 착각했구나' 하고 깨닫게 된다. '뱀'이라는 '내 생각', '뱀'이라는 '혼미함'이 절로 떨어져 나간다. 즉각 문제의 '뱀'이 아닌 현장의 참모습이 있는 그대로 드러나게 되고, 동시에 편안하고 자유로워진다. 중도의 길을 가면 언제나 삶이 자유롭고 평화로워진다.

어떤 멋진 길도
스스로 걸어야 내 길이 된다

37

양극단의 좁은 소견으로 애쓰는 것은 좋지 않네.
무엇 때문에 친하네, 안 친하네 하고 용을 쓰는가.

불호노신 不好勞神
하용소친 何用疎親

총론의 경우를 참고하여 뜻으로 잘 풀고 펼쳐서 정리해보자.

> "중도실상의 형상인 인드라망을 있는 그대로 잘 보시게.
> 실상은 말로 할 수 없지만 부득이하게 말로 하네.
> 양극단의 좁은 소견으로는 아무리 애를 써도 소용이 없네.
> 그런데 무엇 때문에 친하네, 원수네 하고 헛수고를 하는가."

참으로 고구정녕한 장군죽비이다.

"이놈아, 정신 차려! 헛수고 그만해. 제 길을 가야지."

"내버려 둬. 내려놔. 벗어나. 문제 덩어리인 '양극단'을!"

한두 번 이야기한 것이 아니다. 그런데도 어렵다면 그다음은 누구도 어찌할 수가 없다. 이제 본인이 알아서 할 일이다.

붓다가 마지막으로 남긴 가르침이 "법등명자등명(法燈明自燈明)"이다. 언제 어디에서나 우리가 의지할 것은 나가야 할 방향과 길을 밝히는 영원한 진리의 등불이다. 그리고 그 길을 직접 걸어야 할 주체인 자신의 등불이다. 아무리 부모가 진수성찬을 차려줘도 아이가 스스로 먹어야 피가 되고 살이 된다. 아무리 멋진 길이 만들어져 있어도 그 길을 걷는 것은 온전히 본인 몫이다. 스스로 걸어야 자기 길이 된다. 결국 끝내 믿고 의지할 곳은 당사자이며, 자기 삶의 최종 책임은 자기 자신에게 있다는 것이 자등명(自燈明)의 가르침이다. 진리의 길, 희망의 길은 그 누가 아니라 자기 스스로 걸어가야 한다. 아직도 양극단과 중도가 무엇인지 잘 모르겠는가? 조금이라도 미심쩍다면 다시 처음부터 읽고 거듭거듭 사유하시라.

이름 없는 풀꽃도 꽃이다

38

최고의 탈것으로 가고 싶은가. 그래.
색·성·향·미·촉·법을 혐오하지 않으면 되네.

욕취일승 欲趣一乘
물오육진 勿惡六塵

총론의 경우를 참고하여 뜻으로 잘 풀고 펼쳐서 정리해보자.

"중도실상의 형상인 인드라망을 있는 그대로 잘 보시게.
실상은 말로 할 수 없지만 부득이하게 말로 하네.
세수하다 코 만지듯 최고의 길을 가고 싶은가.
매 순간순간 접촉하는 여섯 경계를 싫어하지 말게."

'육진(六塵)을 혐오하지 말라'는 말은 무슨 뜻일까? 꽃밭 사고방식과 풀꽃 밭 사고방식을 비유로 들어보자.

꽃밭 사고방식은 백합이니 장미니 하는 화려하고 특별한 것만 꽃이라고 생각하는 사고방식이다. 늘 꽃을 찾아 이곳저곳을 헤맨다. 철철마다 꽃 구경을 다니면 다닐수록 내가 서 있는 곳이 초라해 보이고 형편없어 보인다. 이런 방식으로는 반드시 선택받는 자와 버림받은 자가 생긴다. 바로 차별과 다툼과 고통으로 발전한다.

풀꽃 밭 사고방식은 어떨까. 내가 사는 극락전 마당에는 수십 종의 풀꽃이 피어 있다. 작고 소박한 풀꽃들이다. 누구는 선택받고 누구는 버림받는 일이 없다. 모두 다 꽃으로 인정받고 존중받는다. 차별과 다툼이 생길 이유가 없다. 여실지견, 주의를 기울여 들여다보면 종류도 대단히 다양하고 더 아름답다. 자기에게 주어진 현장에서 아름다움을 만끽할 수 있어야 그 삶의 품격이 높아진다. 풀꽃 밭 사고방식이라야 일상의 아름다움, 일상의 신비를 제대로 누릴 수 있다. 그렇게 할 때 진정 삶의 품격과 만족이 높아진다. 저절로 날마다 좋은 날이 된다.

최고라고 하는 일승(一乘)은 어느 하나도 차별하지 않는 풀꽃 밭의 사고방식이다. '마음에 드네, 안 드네' 하는 양극단에 빠지지 않고, 있는 그대로의 참모습을 인정하고 존중하고 적재적소에 맞게 잘 쓰는 풀꽃 밭의 사고방식이 최고의 수레다. 그 사고방식으로 삶을 다루는 그 순간 양극단의 마음인 '좋네, 나쁘네', '마음에 드네, 안 드네'가 저절로 떨어져 나간다. 발붙이지 못한다. 그 자리, 그 상태 그대로 편안하다. 홀가분하다. 그럼 충분하지 않은가. 이 사실 말고 무엇이 더 필요한가. 다른 것을 더 찾으려고 하는 것을 스승께선 "소 타고 소 찾는 바보짓이다."라고 하셨다.

세상을 경이로운 현장으로 만드는 건
삶의 실력이다

39

육진을 싫어하지 말게.

좋음, 싫음 없음 그 자체가 바로 정각이네.

육진불오 六塵不惡

환동정각 還同正覺

총론의 경우를 참고하여 뜻으로 잘 풀고 펼쳐서 정리해보자.

"중도실상의 형상인 인드라망을 있는 그대로 잘 보시게.
실상은 말로 할 수 없지만 부득이하게 말로 하네.
세수하다 코 만지듯한 최고의 길을 가려는가.
육진을 접촉할 때 단단히 마음먹고
제2의 화살을 맞지 않도록 하게.
제2의 화살을 맞지 않으면 그 자체가 바로 정각이네."

누군가 물었다. "우리가 사는 세상을 '삼계화택' 즉 불타는 집이라고 하고, 어떤 때는 또 경이로운 현장이라고 하는 건 모순되는 것 아닌가? 아니면 두 개의 현장이 있는 것인가?" 전혀 상반된 내용이지만, 그것이 펼쳐지는 현장은 하나다. 어떤 때는 삼계화택이고, 어떤 때는 경이로운 기적의 현장이 된다.

세상을 파도에 비유해보자. 파도를 잘 타는 사람에게 파도치는 곳은 흥미롭고 경이로운 현장이다. 그러나 그렇지 못한 사람에게 이곳은 겁나고 두려운 현장이다. 파도치는 현장은 누군가에겐 화택이 되고, 누군가에겐 경이로운 기쁨의 현장이 된다. 그 둘을 가르는 것은 파도를 보는 안목과 타는 실력이다. 삶의 실력에 따라 누군가에겐 화택이 되고, 누군가에겐 경이로운 기

169

뿜의 장이 된다.

그 실력을 재는 척도가 바로 '중도'다. 늘상 만나는 대상인 '육진', 자체 그 어디에도 이쪽과 저쪽, 좋음과 싫음 하는 말과 생각이 본래 붙어 있지 않다. 무지와 착각에 길들여진 본인이 괜히 제2의 화살인 이쪽과 저쪽, 좋음과 싫음 하고 마음대로 조작하고 있을 뿐 육진의 실상과는 전혀 관계가 없다. 언제나 실상, 있는 그대로의 참모습을 여실지견하는 것이 '좋네, 싫네' 하는 양극단을 벗어나는 크고 확실한 길임에 틀림없다. 매 순간순간 '제2의 화살을 맞지 않는다' 또는 '여실지견한다'고 하면 그 자리, 그 상태가 바로 편안하고 자유로운 정각의 자리인 것이다.

조작하지 않으면
시비는 생기지 않는다

40

지혜로운 자는 조작함이 없네.
어리석은 사람은 스스로 조작의 감옥에 갇히네.

지자무위 智者無爲
우인자박 愚人自縛

총론의 경우를 참고하여 뜻으로 잘 풀고 펼쳐서 정리해보자.

"중도실상의 형상인 인드라망을 있는 그대로 잘 보시게.

실상은 말로 할 수 없지만 부득이하게 말로 하네.

중도의 길을 가는 지혜로운 자는 조작하는

극단의 마음이 없네.

극단의 길을 가는 어리석은 자는

스스로 조작하여 결박당하네."

유위(有爲)의 상대 개념인 '무위(無爲)'라는 말로 전하고픈 뜻이 무얼까. 어떤 상태를 무위라 말하는 것일까. 무지와 착각으로 만들어낸 '뱀' 이야기를 예로 생각해보자.

유위, 무지와 착각이 조작해낸 뱀이 있다고 하는 현장의 실상을 확인했다. 그 결과 조작해낸 유위의 뱀은 없고 조작해낸 적이 없는 무위의 나뭇가지만 있었다. 아무리 확인해봐도 무지와 착각으로 조작해낸 '뱀'은 없었다. 현실에 존재한다고 믿었던 뱀은 망상일 뿐, 실제로는 없는 것이었다.

무지와 착각으로 조작한 뱀이 없는 그 상태, 즉 조작하는 마음이 사라진 상태가 무위다. 인드라망의 그물코처럼 육근·육경이 있지만 본인이 무지와 착각으로 조작하지만 않는다면 당연히 이쪽과 저쪽, 좋음과 싫음의 시시비비가 발생하지 않는다. 어떤가. 스스로 결박당하는 삶에서 벗어나 무지와 착각의 마음으로 조작하지 않는 것이 최고의 길이라고 하는 붓다의 뜻이 무엇인지 좀 더 확연해지지 않는가.

죽음이 있어 삶이 있다

41

실상, 참모습엔 분리된 그 무엇도 없네.
그런데도 부질없이 스스로 애착을 하네.

법무이법 法無異法
망자애착 妄自愛着

총론의 경우를 참고하여 뜻으로 잘 풀고 펼쳐서 정리해보자.

"중도실상의 형상인 인드라망을 있는 그대로 잘 보시게.

실상은 말로 할 수 없지만 부득이하게 말로 하네.

실상, 있는 그대로의 참모습엔 양극단인

분리된 그 무엇도 있지 않네.

그런데도 부질없이 스스로 조작한 '좋네, 싫네'를 붙잡고

애착하네."

우리는 거의 습관적으로 삶은 좋은 것이고, 죽음은 나쁜 것이라고 생각한다. 그러나 밤이 없는 낮이 존재할 수 없듯이 죽음이 없는 삶도 존재하지 않는다. 만약 죽음과 삶이 분리될 수 없고, 죽음에 의해 삶이 존재한다면 죽음은 나의 원수일까, 친구일까? 친구라고 한다면 단견이다. 원수라고 하는 것도 마찬가지로 단견이다. 그런데도 우리는 삶은 친구고, 죽음은 원수라고 생각한다. 거의 본능적으로 삶에 대한 깊은 애착에 사로잡혀 전전긍긍하고 죽음에 대한 불안과 공포에 사로잡혀 전전긍긍한다. 그 전전긍긍으로부터 벗어나려면 어떻게 해야 할까.

있는 그대로의 참모습을 직접 대면해야 한다. 직접 대면해서 보면 삶과 죽음은 한 손의 손바닥과 손등, 또는 한 몸의 왼손

과 오른손처럼 되어 있다. 있는 그대로의 참모습을 보면 평소 우리가 알고 믿는 것처럼 삶과 죽음은 분리되어 있지 않다. 하나는 좋고, 하나는 나쁜 것도 아니다. 굳이 설명을 덧붙이면 손등에 의지해 손바닥이 있듯이 죽음에 의지해 삶이 있고, 손바닥에 의지해 손등이 있듯이 삶에 의지해 죽음도 있다. 서로를 알고 인정하고 존중하고 함께 하면 삶이 있으므로 죽음이 빛나고, 죽음이 있으므로 삶이 빛나고 있음을 알 수 있다. 빛나는 삶, 빛나는 죽음이면 괜찮지 않은가. 그 삶을 생사 해탈, 생사 자유자재의 삶이라 하면 안 될까.

편안하고 좋기만
한 인생은 없다

42

조작하는 마음으로 마음을 쓰니
어찌 크게 어긋나는 일이 아니겠는가.

장심용심 將心用心
기비대착 豈非大錯

총론의 경우를 참고하여 뜻으로 잘 풀고 펼쳐서 정리해보세.

> "중도실상의 형상인 인드라망을 있는 그대로 잘 보시게.
> 실상은 말로 할 수 없지만 부득이하게 말로 하네.
> 양극단, 참모습에 대한 무지와 착각의 마음으로
> 달 건지려는 원숭이처럼
> 있지도 않은 허망한 것을 찾고 있으니,
> 어찌 크게 어긋나는 것이 아니겠는가."

코로나19, 기후위기 등 범지구적으로 급속한 변화가 이뤄지고 있다. 소용돌이치는 세상의 실상을 불교에선 '불타는 집'이라고 비유했다. 또는 세상을 거친 파도에 빗대기도 한다. 늘상 파도가 삶을 흔들고, 우리는 그 거친 파도 속에서 살아야 한다. 불난 집(화택)에서, 거친 풍파 속에서 살아야 하는 게 인생이고 세상의 진짜 얼굴이다. 실상이 그런데도 사람들은 아무 탈 없이 편안하고 좋기만 한 인생이 있다고 믿고서는 그런 인생, 그런 세상을 찾아 붙잡으려고 한다. 이것이 바로 지금 구절에서 말하는 조작하는 마음의 결과물이다. 알고 보면 무지와 착각으로 조작해낸 그 허망한 것을 붙잡고 소유하려고 하는 마음과 노력이 우리 삶의 고통과 불행을 불러오는 조건들이다.

고통과 불행의 조건인 조작하는 마음에서 벗어나려면 어떻게 해야 할까? '비상비비상처선정'에 들면 될까. 신비한 신통력이 있으면 될까. 오매일여(寤寐一如), 돈오돈수(頓悟頓修)하면 될까?

그 모두가 '소를 타고 소를 찾는', '업은 아이 3년 찾는' 꼴이라고 거듭 말하고 있다. 답은 하나다. 실제 '소 타고 있음'을 알고, '아기 업고 있음'을 알면 그것으로 충분하다. 아는 방법은 둘이 있다. 하나는 그대가 찾는 '소'와 '아기'인 자신의 참모습을 잘 살펴보는 것이고, 다른 하나는 만나는 누군가에게 묻고 배우는 것이다. 만나는 친구에게 물어보면 즉각이다. 그야말로 세수하다 코 만지는 격이다.

지금 여기 본인이 업고 있는 아기, 본인이 타고 있는 소를 내면 깊이 파고들고 파고든다고, 천지사방을 찾아다닌다고 하여 찾아지겠는가? 다 불가능하다. 불가능한 것을 붙잡으려고 땀 뻘뻘 흘리며 동분서주하느라 고생고생하고 있는데 그럴 일이 아니다. 실제 내용을 알고 보면 별 내용도 아닌데, 이 사실을 모르고 엉뚱하게도 허망한 것을 붙잡으려고 안간힘을 쓰고 있으니 참으로 불행한 일이 아닐 수 없다. 부디 청한다. 자신의 참모습을 있는 그대로 잘 보시길.

바다는 인연 따라 출렁일 뿐

43

미혹하면 고요함과 소란함이 생기네.
잘 알고 보면 '좋네, 싫네' 할 것이 애초에 없네.

미생적란 迷生寂亂
오무호오 悟無好惡

총론의 경우를 참고하여 뜻으로 잘 풀고 펼쳐서 정리해보자.

"중도실상의 형상인 인드라망을 있는 그대로 잘 보시게.

실상은 말로 할 수 없지만 부득이하게 말로 하네.

참모습을 '양극단', 미혹의 눈으로 보면,

고요함은 좋고 소란함은 나쁜 것이라고 조작되네.

참모습을 '중도', 있는 그대로 보면,

좋고 나쁠 것이 애초에 있지 않네."

실생활에 직접 연결되도록 하려면 어떻게 설명해야 할까? 뭔가가 번쩍하고 떠오르지가 않는다. 이리저리 궁리해보지만 잘 풀리지 않는다. 이럴 때 제일 쉬운 방법은 붓다께 말을 거는 것이다.

"세존이시여. 고요한 바다는 좋은 것입니까?"

"그것은 단견이다."

"파도치는 바다는 나쁜 것입니까?"

"그것도 단견이다."

"그대가 조작한 그 양극단은 버려야 한다. 내가 바다 입장에서 있는 그대로 말해보겠다. '고요한 바다'는 인연 따라 이루어진 바다의 일상일 뿐이다. '출렁이는 바다' 역시 인연 따라 이루어진 바다의 일상일 뿐이다. 그리고 인연 따라 고요하기도 하고 출렁이기도 해야 바다의 삶이 정상적으로 이루어지는 것이다. 그것에 좋고 나쁨은 없다. 내 마음에 들고 안 들고도 없다. 당연히 시시비비하고 싸울 일도 없다. 이 모두가 바다의 있는 그대로의 참모습과는 하등의 관계가 없는 일이다. 주범은 따로 있다. 참모습을 있는 그대로 보려고 하지 않는 우리들의 무지와 착각의 습관이 바로 그 주범이다."

붓다의 말씀이 어떤가. 그대의 삶과 연결시켜 깊이 사유해 보라.

그대가 우주이고,
우주가 그대다

44

일체 무지와 착각에 의한 두 가지 소견은
분명 지레짐작으로 판단 규정하기 때문이네.

일체이변 一切二邊
양유짐작 良由斟酌

총론의 경우를 참고하여 뜻으로 잘 풀고 펼쳐서 정리해보자.

"중도실상의 형상인 인드라망을 있는 그대로 잘 보시게.

실상은 말로 할 수 없지만 부득이하게 말로 하네.

'있네, 없네', '좋네, 싫네' 하는 양극단,

실상에 대한 무지와 착각의 소견이어,

분명 실상, 있는 그대로의 참모습과 관계없이

그대 생각으로 지레짐작하여 판단한 결과의 현상이네."

초기불교 경전인 니까야 중에 《범망경》이 있다. 여기에 붓다 당시 사람들이 진리라고 믿고 주장하며 서로 다투는 '62가지 견해(62견)'에 대한 이야기가 담겨 있다. 붓다는 62견 모두가 무지와 착각으로 조작한 '양변', '양극단'인 삿된 길이라고 비판했다. 양극단은 삿된 길이니 반드시 버리고 벗어나야 하는 악마의 길이라고 했다. 반드시 중도, 있는 그대로의 길을 가라고 했다.

　　지금 읽는 구절과 연결시켜 보면 62견을 압축한 한 마디가 '유(有)와 무(無)'라는 두 가지 소견이다. 지금 여기 그대 자신의 참모습인 실상은 직접적이든 간접적이든 분리되어 있지 않다. 그대가 그대로 우주이고, 우주가 그대로 그대다. 그러므로 참모습 그 자리엔 처음부터 '있네, 없네', '좋네, 싫네' 하고 시시비비

할 것이 있지 않다. 그런데도 있는 것처럼 보이는 것은 처음부터 끝까지 참모습에 대한 무지와 착각에 길들여진 그대의 마음이 조작한 것이다. 스스로 그에 속고 그 속에 갇혀 죽을 고생을 하고 있는 것이다. 소위 말해 '자승자박(自繩自縛)'이다. 잘 곱씹어 새겨보고 또 새겨보시라.

본래 없는 것을 어떻게
가질 수 있겠는가

45

꿈에 있었던 환상이요, 허공에 나타난 환영의 꽃이네.
그 허망한 것을 어찌 수고롭게 애써 잡으려 하는가.

몽환공화 夢幻空華
하로파착 何勞把捉

총론의 경우를 참고하여 뜻으로 잘 풀고 펼쳐서 정리해보자.

"중도실상의 형상인 인드라망을 있는 그대로 잘 보시게.

실상은 말로 할 수 없지만 부득이하게 말로 하네.

우리를 울고 웃게 만드는 '있네, 없네', '좋네, 싫네'가

꿈속의 환상이요, 허공 속의 환영이네.

자신의 무지와 착각으로 조작한 환영일 뿐

실제는 그대의 생각처럼 있지 않네.

어찌 바보처럼 땀 뻘뻘 흘리며 붙잡으려 하는가.

참으로 답답한 노릇이네. 제발 그만두시게."

꿈에만 있는 환상의 열매를 소유할 수 있을까? 환상일 뿐 실제 없는 것이므로 그 무슨 수로도 소유할 수 없다. 허공에 나타난 환영의 꽃을 방에 꽂아 놓을 수 있을까? 환영일 뿐 실제는 없는 것이므로 그 어떤 능력과 솜씨로도 방에 꽂아 놓을 수가 없다. 실상이 그러함에도 불구하고 우리는 그 환상, 그 환영에 속고 붙잡혀 정신을 못 차리고 있다. 마치 물에 잠긴 달을 건지려고 밤새 첨벙거리다 기진맥진하여 쓰러져 잠든 원숭이처럼. 생각할수록 한심스럽고 안타깝고 불행한 일이다. 참으로 잘 사유해볼 일이다.

사고방식을 바꾸지 않으면
변화할 수 없다

46

(토끼 뿔 같은 것을) '얻었네, 잃었네',

'옳네, 그르네' 하는 것

망설이지 말고 바로 일시에 놓아버리게.

득실시비 得失是非

일시방각 一時放却

총론의 경우를 참고하여 뜻으로 잘 풀고 펼쳐서 정리해보자.

"중도실상의 형상인 인드라망을 있는 그대로 잘 보시게.

실상은 말로 할 수 없지만 부득이하게 말로 하네.

무지와 착각의 마음으로 조작해낸 토끼 뿔이여,

헛되고 헛된 토끼 뿔 같은 옳고 그름, 얻고 잃음이여.

허망한 토끼 뿔에 속아 피투성이 되지 말고

지금 바로 일시에 손 탈탈 털고 놓아버리시게."

물이 바짝바짝 말라 들어온다. 그 안에서 물고기들이 살아남기 위해 사투를 벌이고 있다. 각자 살아남으려고 상대를 밀어내고 자기 머리만 물 있는 쪽으로 들이밀고 있다. 그 어디, 그 누구도 물이 줄어들지 않도록, 또는 새로운 물이 들어오도록 팔 걷어붙이고 노력하는 모습이 보이지 않는다. 결국 어떻게 될까? 시간 문제일 뿐 모두에게 영광 없는 상처요, 죽음뿐이다.

《범망경》에 "줄어드는 물에 물고기와 같은지라 무슨 즐거움이 있으리오."라는 구절이 있다. 무지와 착각에 빠져 약육강식의 삶을 살며 절규하는 인간들의 어리석음을 깨우치고자 하는 비유의 말씀이다. 살아남기 위해 몸부림치는 물고기를 각자도생을 위해 질주하는 인간들의 삶으로 바꾸어보면 어떨까. 우리 사회를 봐도 그렇고, 내가 몸 담고 있는 종단과 여기 현장을 봐도 그렇다. 대부분은 '옳네, 그르네', '유리하네, 불리하네', '이익이 있네, 없네'의 관점과 사고방식으로 서로를 할퀴고 발목 잡느라 소모적이고 파괴적으로 시간을 흘려보내고 있다. 저 살겠다고 머리 처박는 물고기 신세와 별반 다르지 않다.

뭔가 단단히 잘못되었다. 약자, 청년, 정의, 공동체 등 내세우는 명분이 아무리 좋아도 기존 사고방식을 붙잡고 있는 한 새로운 해답이 나올 수 없음은 분명하지 않은가.

참된 앎의 등불을 밝히면
어둠은 사라진다

47

누구라도 만약 잠자지 않는다면
어떤 꿈도 저절로 제거되네.

안약불수 眼若不睡
제몽자제 諸夢自除

총론의 경우를 참고하여 뜻으로 잘 풀고 펼쳐서 정리해보자.

"중도실상의 형상인 인드라망을 있는 그대로 잘 보시게.
실상은 말로 할 수 없지만 부득이하게 말로 하네.
누구나 할 것 없이 무지와 착각의 잠에 빠지지 않는다면
토끼 뿔, 거북이 털인, '있네, 없네', '좋네, 싫네' 하고
조작하는 꿈 저절로 사라지네."

'잠들지 않으면 어떤 꿈도 없다.'
'깨어 있으면 꿈은 절로 사라진다.'

매우 간명한 표현이지만 대단히 의미심장하다. 그 속에 실천의 진리인 중도, 불교 수행론의 요체가 잘 담겨 있다. '일등홀파천년암(一燈忽破千年暗)', 즉 '등불을 밝히는 순간 천 년 묵은 어두움이 사라진다'와도 뜻이 통한다. 중도, 있는 그대로 보면 지금 여기 눈앞에 '밝음'도 있고, '어두움'도 있다. 밝음은 깨어 있음, 깨달음, 참된 앎으로, 어두움은 무명·미혹·어리석음의 탐·진·치로 읽힌다. 〈신심명〉과 연결시켜 보면 밝음은 '잠들지 않음'으로, 어두움은 '모든 꿈'으로 해석된다.

불교 수행의 지상과제는 무지의 탐·진·치를 소멸하는 것이다. 너나없이 탐·진·치를 소멸하기 위해 치열하게 애쓰고, 또

애쓰는 것이 진지한 불교 수행자들의 모습이다. 그렇다면 탐·진·치의 소멸은 어떻게 가능한가?

이에 대해 승찬 스님은 "실상을 잘 보시라. 어두움은 밝음 아니고는 그 무엇, 그 어떤 수단으로도 제거되거나 사라지게 할 수가 없네. 어두움은 오로지 밝음으로만 사라지고 제거되네. 마찬가지로 실상을 잘 보시라. 꿈은 '잠들지 않음', '깨어 있음' 말고는 그 무엇, 그 무슨 짓으로도 사라지거나 제거되지 않네. 오로지 '잠들지 않음'으로만 사라지고 제거되네."라고 설파하셨다.

무지의 탐·진·치는 어두움을 밝음으로 해결하듯이 깨어 있음, 깨달음, 참된 앎의 등불을 밝힐 때 통쾌하게 사라진다. 참된 앎의 등불을 밝히는 것이 무지의 탐·진·치를 사라지게 하는 가장 확실한 길임을 놓치지 않아야 한다.

조작하는 마음 내지 않으면
문제될 것이 없다

48

만약 양극단의 마음으로 조작하지 않는다면
이 세상 모든 것들이 모두 다 한결같을 것이네.

심약불이 心若不異
만법일여 萬法一如

총론의 경우를 참고하여 뜻으로 잘 풀고 펼쳐서 정리해보자.

"중도실상의 형상인 인드라망을 있는 그대로 잘 보시게.

실상은 말로 할 수 없지만 부득이하게 말로 하네.

양극단인 무지와 착각의 마음이여,

'있네, 없네', '옳네, 그르네' 하고 변덕 부리지 말게.

이 세상 온갖 것이 인드라망 무늬처럼 한결같을 것이네."

　스물네 번째 구절로 돌아가보자.

조작하는 한 마음 내지 않으면,

온 세상 그 무엇도 문제될 것이 없네.

일심불생 만법무구(一心不生 萬法無咎)

글은 달라 보여도 뜻은 똑같은 것으로 읽힌다. 호수를 두고 누군가는 거울이라고 하고, 누구는 집이라고 하고, 누구는 수영장이라고 하며 격하게 다툰다는 이야기를 떠올려보라. 더 이상 설명하지 않아도 괜찮으리라.

한 톨 먼지 안에
온 우주가 들어 있다

49

한결같음 그 자체는 현묘할세.
오롯하여 양극단의 인위 조작이 없네.

일여체현 一如體玄
올이망연 兀爾忘然

총론의 경우를 참고하여 뜻으로 잘 풀고 펼쳐서 정리해보자.

"중도실상의 형상인 인드라망을 있는 그대로 잘 보시게.
실상은 말로 할 수 없지만 부득이하게 말로 하네.
한결같음인 있는 그대로의 참모습 그 자체는
말로 할 수 없네. 하지만 어찌할 수 없이 '현묘'하다고 하네.
참모습 그대로 오롯하여
허망한 인위 조작의 인연 있지 않다는 말이네."

옛 선사들은 실상, 있는 그대로의 참모습을 인격적 실천 주체로 세우기 위해 본래붓다, 또는 본래면목이라고 했다. 최근에는 참모습을 형상화하여 불교적으로는 '인드라망 무늬', 일반적으로는 '생명평화 무늬'라고 표현하고 있다.

의상 스님의 〈법성게〉에 인드라망의 내용이 압축적으로 표현되어 있다.

"하나 가운데 일체가 있고 일체가 그대로 하나이네.
하나의 먼지가 온 우주를 머금고 일체의 먼지들도 또한
그러하네."

한국불교 교학의 백미인 〈법성게〉와 선불교의 백미인 〈신심명〉은 서로 표현은 달라도 뜻은 전혀 막힘없이 환하게 통한다. 털끝만큼의 다름이 없다. 그림으로 표현된 '인드라망 무늬'로 보면 '일여체현(一如體玄)', 과거에도 그 모습, 미래에도 그 모습, 현재에도 그 모습이다. 이쪽도 저쪽도, 위도 아래도 그 모습, 그야말로 한결같다. '올이망연(兀爾忘緣)', 변견, 양극단으로 조작되기 이전 또는 조작된 변견, 양극단이 떨어진 상태이니 글 그대로 참모습이 온전히 드러난다. 그 어떤 조작된 인연도 발붙이지 못한다. '인드라망 무늬'를 보면서 이 구절을 읽으면 뜻을 파악하는 데 훨씬 효과적일 터이다.

가장 중요한 사람은
지금 내 앞에 있는 당신

50

만물 하나하나의 참모습을 잘 관찰하시라.
시시비비가 떨어진 한 물건의 참모습이 자연스럽네.

만법제관 萬法齊觀
귀복자연 歸復自然

총론의 경우를 참고하여 뜻으로 잘 풀고 펼쳐서 정리해보자.

"중도실상의 형상인 인드라망을 있는 그대로 잘 보시게.

실상은 말로 할 수 없지만 부득이하게 말로 하네.

우주의 실상인 그물코 하나하나를 잘 관찰하시게.

'옳네, 그르네' 하는 시시비비가 떨어진 상태의 참모습이

저절로 환하게 드러나네."

'만법'은 지금 여기 삶의 현장에서 직면하는 일체의 것들을 말하고, '제관(齊觀)'은 여실지견(如實知見), 즉 직면한 것을 있는 그대로 보는 것이다. 이를 두고 사람들은 '어렵다, 어렵다' 말한다. 몇 가지 물음을 던져보자. 첫째, 지금 여기 나에게, 그대 자신에게 가장 중요한 시간은 언제인가? 지금이다. 둘째, 나에게 가장 중요한 사람은 누구인가? 지금 내가 만나고 있는 그대다. 셋째, 가장 중요한 일, 훌륭한 일, 좋은 일은 무엇인가? 지금 만나는 그 사람과 사랑으로 관계 맺는 일이다. 여실지견은 지금여기에서 내 앞의 당신과 사랑으로 자비로 관계 맺게 하는 일의출발이다.

　　지금 직면한 있는 그대로의 실상, 참모습을 관찰하면 '옳네, 그르네' 하는 '시비(是非)'가 떨어진다. 시비가 떨어져 나감

은 양극단에서 벗어남을 뜻한다. 중도적으로 실상에 직접 대면한 결과 '참모습'이 드러남과 동시에 실상을 왜곡시켰던 '옳네, 그르네', '좋네, 싫네' 하는 번뇌들이 저절로 떨어지게 된다. '실상'이 온전히 드러난 그 자리, 그 상태를 '해탈열반', '무사태평'이라고 한다.

진리는 말을 떠나서
존재하는 것이 아니다

51

그 까닭의 자취가 없네.
무엇과도 견주어 비교가 안 되네.

민기소이 泯其所以
불가방비 不可方比

총론의 경우를 참고하여 뜻으로 잘 풀고 펼쳐서 정리해보자.

"중도실상의 형상인 인드라망을 있는 그대로 잘 보시게.

실상은 말로 할 수 없지만 부득이하게 말로 하네.

어디에서 왔는가. 어디로 가는가.

어떻게 이루어지는가. 어떻게 무너지는가.

참모습 그 자체가 왜 그런지 그 까닭을 잡을 수가 없네.

그 무엇과도 비교하여 설명할 수 없네."

일반적으로는 '언어도단 심행처멸(言語道斷 心行處滅)'인 이유를 '참 진리가 매우 심오하고 미묘하기 때문'이라고 설명한다. 물론 그렇게 설명할 수도 있다. 하지만 현실 경험으로 볼 때 그보다는 언어의 한계, 인간의 한계 때문이라고 설명하는 것이 더 설득력이 있어 보인다. 그렇기 때문에 옛 스승들은 공통적으로 인드라망으로 비유되는 "참 진리는 언어에 있지도 않고 언어를 떠나서 있지도 않다.", "언어를 떠나 있다. 하지만 불가피하게 응병여약(應病與藥)의 말을 해야 한다."라고 말하고 있다.

만일 이때 붓다께 질문하면 뭐라고 하실까.

"'말로 할 수 없다'는 것은 단견이다. '말로 할 수 있다'는 것 역시 단견이다. 양극단을 버리고 중도적으로 참 진리인 삶의 실

203

상을 있는 그대로 보아야 한다. 그리고 말로 표현할 수 없지만 불가피하게 응병여약이 되도록 말로 해야 한다.”고 답하셨을 터이다.

본래 원만구족한 참 진리는 언어로 표현되기 이전의 실상을 뜻한다. 그러므로 “참 진리는 닦아서 이루어지는 것이 아니다. 또는 닦음을 필요로 하지 않는다.”라고 말하기도 한다. 모두 진리의 완전함, 그리고 인간 언어의 위험과 한계를 여실지견, 있는 그대로 직시하라는 설명이다.

움직임과 분리된
멈춤은 없다

52

움직임이 멈추면 움직임이 없네.
멈춤이 움직이면 멈춤이 없네.

지동무동 止動無動
동지무지 動止無止

총론의 경우를 참고하여 뜻으로 잘 풀고 펼쳐서 정리해보자.

> "중도실상의 형상인 인드라망을 있는 그대로 잘 보시게.
>
> 실상은 말로 할 수 없지만 부득이하게 말로 하네.
>
> 움직임이 따로 있어 보이지만
>
> 멈추는 순간 바로 움직임이 없네.
>
> 멈춤이 따로 있어 보이지만
>
> 움직이는 순간 바로 멈춤이 없네."

이 구절은 인간의 일상적 경험의 진리를 매우 사실적으로 드러내고 있다. 움직임과 멈춤은 상호의존하는 상태다. 움직이면 멈춤이 없고, 멈추면 움직임이 없다. 따라서 움직임과 분리된 멈춤은 없고, 멈춤과 분리된 움직임도 없다. 중도실상, 있는 그대로의 참모습은 말로 할 수 없는 것이지만 부득이하여 굳이 말로 한 것이라는 이야기이다.

일상에서의 경험으로 이해할 수 있도록 손을 예로 들어 이야기해보자. 어떤 사람이 "손은 손등뿐이야(또는 손바닥뿐이야). 나는 손등이 좋아. 손바닥은 싫어."라고 한다면 어떨까? '분리된 손등', '분리된 손바닥'이 따로따로 있다면 괜찮다고 할 수 있을 것이다. 그런데 손의 실상을 보자. 손바닥과 분리된 손등은 망상일 뿐, 그런 손등은 없다. 그 반대도 마찬가지다. 굳이 중도의 길인 응병여약(應病與藥)으로 말한다면, 손바닥과 손등은 불일불이(不一不二)다. 당연히 둘을 분리하여 '좋네, 싫네' 하는 분별망상도 발붙일 수 없다. 중도실상, 어떤 전제도 없이 있는 그대로의 사실에 직접 마주하면 참모습은 바로 그 순간 눈앞에 환하게 드러나는 것이다.

분리된 것도 아니고
하나인 것도 아니다

53

분리된 움직임과 멈춤 처음부터 성립하지 않네.
어찌 하나인들 있을 수 있겠는가.

양기불성 兩旣不成
일하유이 一何有爾

총론의 경우를 참고하여 뜻으로 잘 풀고 펼쳐서 정리해보자.

"중도실상의 형상인 인드라망을 있는 그대로 잘 보시게.
실상은 말로 할 수 없지만 부득이하게 말로 하네.
그대가 생각하는 것처럼 분리된 움직임과 멈춤
두 가지 다 성립하지 않네.
어찌 분리된 하나인들 이루어질 수 있겠는가. 그런 일은 없네."

움직임과 멈춤은 따로따로 분리되어 존재하지 않는다. 그렇다고 움직임과 멈춤이 하나인 것도 아니다.

움직임과 멈춤이 온전히 분리되었다거나 또는 하나라고 단정하는 양극단에 사로잡혀 있는 한 움직임과 멈춤의 실상을 제대로 알 수 없다. 무지와 착각의 마음으로 조작해낸 '양극단'에 사로잡혀 있는 한, 참모습에 직접 대면하는 것은 불가능하다. 있는 그대로의 참모습에 직접 마주하는 '중도'의 태도와 방식으로만 움직임과 멈춤의 실상을 환하게 잘 파악하고 아는 것이 가능하다.

일상적으로 실상, 참모습에 맞춰 사고하고 말하고 살아가는 것이 불교 수행이다. '여실지견 여실지견행(如實知見 如實知見行)', 더 갖추면, '반야바라밀행'이다. 더 풀어 설명하면 '참 진

209

리를 온전하게 알고 그 앎을 온전하게 실천하고 산다'라고 할 수 있다.

그렇다면 어떻게 실천하고 살아야 할까? 그 많은 가르침을 한마디로 압축하여 표현하면 '동체대비(同體大悲)'다. 《화엄경》의 가르침으로 연결시키면, 동체(同體)는 참되게 알아야 할 진리를 뜻하며 '이지(理智)', 진리의 지혜인 문수보살에 해당한다. 대비(大悲)는 참되게 알아낸 진리를 온전하게 실천함을 뜻하며 '이행(理行)', 진리의 앎을 온전히 실천하는 보현보살에 해당한다. 한마디로 하면 반야바라밀행이다.

정해진 길은 없다

◈

54

최후의 궁극이여,
그대가 생각하는 것과 같은, 정해진 그런 법칙이 없네.

구경궁극 究竟窮極
부존궤칙 不存軌則

앞에서처럼 뜻으로 잘 풀고 펼쳐서 정리해보자.

"중도실상의 형상인 인드라망을 있는 그대로 잘 보시게.
실상은 말로 할 수 없지만 부득이하게 말로 하네.
최후에 만나는 있는 그대로의 참모습 그 상태, 그 자리엔
인연 따라 생하고 멸할 뿐
우리가 생각하는 그 어떤 정해진 법칙도 없네."

인류사에서 명멸해온 대부분의 종교와 철학에서는 흔히 최후의 궁극적인 무언가가 있다고, 또는 궁극에서 나온 정해진 법칙이 있다고 여겨왔다. 그러나 승찬 스님은 붓다와 마찬가지로 그런 것 없다고 딱 잘라 말하고 있다. 여실지견(如實知見), 있는 그대로의 참모습을 직접 대면하여 보면, 인연 따라 생겨났다 인연 따라 사라질 뿐, 어떤 정해진 법칙 같은 것도 없다는 이야기이다. 있는 그대로 잘 보고 잘 알고 잘 쓰는 길뿐, 그 밖의 이렇고 저렇고 하는 어떤 길도 길이 아닌 것이다.

붓다만큼 밥도 귀하고
똥도 귀하다

55

마음이 평등에 계합하면
하는 일마다 모두 편안하네.

계심평등 契心平等
소작구식 所作俱息

총론의 경우를 참고하여 뜻으로 잘 풀고 펼쳐서 정리해보자.

"중도실상의 형상인 인드라망을 있는 그대로 잘 보시게.

실상은 말로 할 수 없지만 부득이하게 말로 하네.

마음이 법계평등의 진리에 계합하면

이 일을 하든 저 일을 하든 모두 무사태평이네."

"심불급중생 시삼무차별(心佛及衆生 是三無差別)", 즉 '마음, 붓다, 중생이 아무런 차별이 없다'는《화엄경》의 구절이 떠오른다.

　　현실 경험으로 비추어 알 수 있도록 붓다, 밥, 똥과 견주어 이야기해보자. 일반적으로 붓다는 귀하고 밥은 보통이고 똥은 더럽다. 그러므로 절대 평등할 수가 없다. 하지만 중도, 있는 그대로의 참모습을 보라. 본인이 믿고 있는 것처럼 진짜 붓다는 귀하고 밥은 시시하고 똥은 쓸모없는가.

　　사실을 한번 확인해보자. 밥이 없는 붓다가 있을 수 있는가? 없다. 밥을 먹어야만 붓다가 붓다일 수 있다. 있는 그대로 보면 밥은 붓다의 모체다. 어찌 붓다는 귀하고 밥은 시시하다고 할 수 있겠는가. 똥(거름, 흙)이 없는 밥이 있을 수 있는가? 없다. 똥이 있어야만 밥이 밥일 수 있다. 있는 그대로 보면 똥은 밥의 모체다. 어찌 밥은 좋고 똥은 못 쓴다고 할 수 있겠는가. 그러면 붓다와 밥이 없는 똥은 있을 수 있는가? 없다. 누군가가 밥을 먹어야 똥이 똥일 수 있다. 있는 그대로 보면 똥의 모체는 붓다요, 밥이다. 살펴보시라. 있는 그대로의 참모습 그 자리 어디에 '귀하다, 천하다'는 차별, '좋다, 나쁘다'는 애증이 발붙이고 있는가. 우리 삶을 들었다 놓았다 하는 것들이지만 사실을 알고 보면 그 모두가 우리들 자신이 무지와 착각에 빠져 조작해낸 토끼 뿔, 거북 털일 뿐이다. 그래서 차별심, 증애심이 떨어져 나간 그 상태의 삶을 무사태평이라고 하는 것이다.

전쟁 한복판에서 무사태평하게 앉아 있는 붓다, 지구의 종말 앞에서 무사태평하게 나무를 심는 사람. 이들이 바로 진정한 자유인, 진정 편안한 사람이다. 참으로 멋진 삶이라 할 만하다. 이토록 멋진 삶이 어디서 나왔을까? 삶과 죽음, 젊음과 늙음, 붓다, 밥, 똥을 평등하게 보는 데서 나왔다. 언제 어디에서나 매 순간순간 붓다처럼 살아가는 것을 예로부터 해탈, 열반, 무애자재, 무상정각의 삶이라고 했다.

흔들림 없는 삶이 곧 무사태평

◈

56

여우 같은 의심 깨끗이 정리됐네.
정법(正法, 불법)에 대한 확신이 고르게 확립됐네.

호의정진 狐意淨盡
정신조직 正信調直

총론의 경우를 참고하여 뜻으로 잘 풀고 펼쳐서 정리해보자.

"중도실상의 형상인 인드라망을 있는 그대로 잘 보시게.
실상은 말로 할 수 없지만 부득이하게 말로 하네.
무지와 착각으로 조작된 여우 같은 의심이 말끔하게 정리됐네.
정법[불법(佛法)]에 대한 확신이 확고부동하게 확립됐네."

붓다께서는 "여래의 출현 여부, 깨달음 여부와 관계없이 법은 본래 있었다. 나는 그 법을 발견했다….''라고 말했다. 또 "나는 오래전부터 있었던 옛길, 옛 도시를 발견했다.''라는 비유도 했다. 여우 같은 의심이 정리되고, 본래 있는 법인 실천의 진리로서의 중도, 존재의 진리로서의 연기법에 대해 태산처럼 확고부동하여 털끝만큼의 의심도, 털끝만큼의 흔들림도 없게 된다면, 살아서도 흔들림 없고, 죽어서도 흔들림 없고, 어제도 오늘도 내일도, 여기서도 저기서도 흔들림 없이 살게 될 터이다. 그 삶을 무사태평이라고 한다. 그 전형이 바로 전쟁터 한복판에서도 고요히 앉아 있는 붓다, 지구의 종말 앞에서도 의연히 나무를 심는 서양 도인의 모습인 것이다.

실상은 흐르는 물과 같다

57

일체 그 어떤 것도 머물 수 없네.
그러므로 그 무엇도 기억(집착)할 수 없네.

일체불유 一切不留
무가기억 無可記憶

총론의 경우를 참고하여 뜻으로 잘 풀고 펼쳐서 정리해보자.

"중도실상의 형상인 인드라망을 있는 그대로 잘 보시게.

실상은 말로 할 수 없지만 부득이하게 말로 하네.

어제인가 했는데 이미 오늘이네. 오늘인가 했는데 내일이네.

실상은 흐르는 물과 같네. 그 무엇도 머물러 있지 않네.

있는 그대로의 참모습이 그러하므로

무지와 착각으로 조작하는 생각이 아니고선

기억(집착)하려야 기억할 수 없네. 붙잡으려야 붙잡을 수 없네."

여기에서 좀 곱씹어봐야 할 것은 조작하는 마음으로 붙잡으려는 '기억'이다.

붓다는 말했다. "과거는 이미 지나갔다. 미래는 아직 오지 않았다. 현재는 어떻게도 특정할 수 없다. 있는 그대로의 실상 그 어디 그 무엇도 붙잡을 수도, 붙잡을 것도 없다."

무엇이든 붙잡으려고 한다면, 붙잡으려고 하는 그것은 실상에 대한 무지와 착각의 망상이 만들어낸 것이다. 무지와 착각으로 붙잡을 것이 있다고 생각하는 조작심일 뿐이다. 그럼에도 불구하고 여전히 참되게 알지 못하고, 뭔가 있지 않을까 하는 미련으로 자꾸 붙잡으려고 헛수고하고 있다. 호수에 잠긴 밝고

둥근 달을 건지려다 기진맥진 쓰러지는 원숭이 꼴이다. 그렇게 하는 한 필경 '삼계화택 영겁윤회'의 신세를 면할 수 없다. 그런 사람에게 붓다인들 뾰족이 해줄 말이 있을까. "이제 그대가 알아서 하게!"라는 말 외엔 없다.

밥이 오면 입을 열고
잠이 오면 눈을 감는다

58
막힘없이 환하게 스스로 비추네.
양극단, 조작하는 마음으로 수고할 것 없네.

허명자조 虛明自照
불로심력 不勞心力

총론의 경우를 참고하여 뜻으로 잘 풀고 펼쳐서 정리해보자.

"중도실상의 형상인 인드라망을 있는 그대로 잘 보시게.

실상은 말로 할 수 없지만 부득이하게 말로 하네.

참모습은 아무 막힘(걸림)없이

귀로 듣고 눈으로 보고 발로 걷고 손으로 붙잡네.

양극단으로 조작해낸 마음을 써서

'옳네, 그르네', '좋네, 싫네' 하며 헛수고할 것 없네."

실상사 극락전 내 방에는 조그마한 주련이 걸려 있다.
참모습으로 사는 참사람인 붓다는 어떻게 생겼는가?

머리는 하늘을 향해 있고, 두 발은 땅을 딛고 있고,

두 눈은 옆으로, 코는 아래로 놓여 있네.

정천각지 안횡비직(頂天脚地 眼橫鼻直)

그 붓다는 어떻게 사는가?

밥이 오면 입을 열어 밥을 먹고

졸음이 오면 눈을 감고 잠을 자네.

반래개구 수래합안(飯來開口 睡來合眼)

지금 자신이 소 타고 있음을 사실대로 알고 마음껏 필요에 따라 일도 하고 놀기도 하고 가기도 하고 오기도 하는 붓다, 도인. 어떤가. 좋지 않은가. 잘 보시게.

거룩한 붓다 되려고 특별하게 애써 뭘 한 흔적이 있는가? 없다.

거룩한 붓다로 살기 위해 특별하게 뭔가를 하는 것이 있는가? 없다.

원만구족한 자신의 참모습을 참되게 알았으면, 마음먹고 참모습대로 살면 된다. 보고 싶으면 보면 되고, 듣고 싶으면 들으면 된다. 배고프면 밥 먹고, 졸리면 잠을 잔다. 부족할 것도 없고, 못할 것도 없다. 그야말로 자유자재 무사태평이다. 삶의 실상, 자신의 참모습을 있는 그대로 잘 보고 알고 적절하게 잘 쓰는 것 말고 또 다시 별도로 특별한 무엇이 있지 않다. 잘 사유하면 '아!' 하고 눈이 번쩍 뜨일 터이다.

꽃도 시절인연이
무르익어야 핀다

59

조작하는 마음으로 다다를 수 있는 곳이 아니네.
조작하는 마음으로 측량하는 것도 불가능하네.

비사량처 非思量處
식정난측 識情難測

앞에처럼 뜻으로 잘 풀고 펼쳐서 정리해보자.

> "중도실상의 형상인 인드라망을 있는 그대로 잘 보시게.
> 실상은 말로 할 수 없지만 부득이하게 말로 하네.
> 중도실상, 참모습 그 자리는
> 조작하는 양극단의 마음으로 다다를 수 있는 곳이 아니네.
> 조작하는 마음으로는 백천만겁을 애써도
> 측량하는 것이 불가능하네."

중도, 현장의 삶으로 직접 경험되도록 설명하는 것이 쉽지 않다. 일단 '백문이불여일견(百聞而不如一見)'이라는 말이 떠오른다. 지금까지 보고 듣고 배우고 알고 있는 것을 다 동원해봐도 여전히 다람쥐 쳇바퀴 도는 꼴이다.

지난겨울 경험한 내용을 예로 삼아볼까 한다. 내 방 앞에는 매화나무가 한 그루 있다. 때가 되면 꽃이 잘 핀다. 꽃이 피면 보기가 참 좋다. 꽃의 아름다움, 향기로움을 음미하는 것이 제법 괜찮다. 강추위가 삶을 얼어붙게 만들었던 어느 날, 문득 따스한 봄날의 화사한 꽃과 진한 꽃향기가 그리웠다. 그리움이 절실한 만큼 하루빨리 내 바람이 이루어지길 빌고 또 빌었다. 절실한 마음으로 기다리고 기다렸다. 하지만 아무 소용이 없었다.

그렇게 시간이 흘렀다. 그리고 지금은 꽃이 활짝 피었다. 향기가 도량에 가득하다. 내가 할 수 있는 일을 다 했어도 꿈쩍도 하지 않았었는데, 시절인연이 무르익으니 스스로 알아서 위풍당당하게 진면목을 발휘하고 있다.

삶의 실상이 이러하다면, 나는 어떻게 해야 하는가? 분명 '백문(百聞)'이 아니고 '일견(一見)'이라고 했다. 경험한 삶의 실상을 있는 그대로 보면 그곳에 답이 있다. 백 가지 생각, 백 가지 지식으로도 소용이 없다. 꽃의 아름다움을 누리고 싶으면 꽃이 피어날 시절인연이 무르익을 수 있도록 '내일 지구의 종말이 와도 한 그루의 나무를 심는' 반야바라밀행의 삶을 살아야 한다. 어떻게? 기꺼이!

삶의 실상을 있는 그대로 본 것을 정리해보자.

나의 바람을 이루려면,

① 매화나무의 입장을 사실대로 알고 기꺼이 인정하고 존중하여야 한다.

② 나무가 자기 삶을 잘 살아갈 수 있도록 힘들고 귀찮지만 기꺼이 마음 내어 물도 주고 거름도 주고 주변도 정리해주어야 한다.

③ 그리고 때가 무르익을 때까지 지켜보고 기다리면서 조

건을 성숙시켜야 한다.

④ 그렇게 하면 저절로 꽃이 당당하게 잘 피어난다.

여기에서 중요한 것은 매화나무의 삶의 실상을 있는 그대로 잘 파악하여 알고, 그 삶을 잘 살도록 하기 위해 어떤 조건도 없이 기꺼이 땀 뻘뻘 흘리며 부지런히 필요한 역할을 다 하는 것이다. 그렇게 하면 저절로 꽃의 아름다움을 마음껏 만끽할 수 있게 된다. 이에 더하여 그 순간 그대의 삶 자체가 매화꽃보다 더 아름답고 향기롭게 된다.

길은 단순하다. 지구의 종말이 와도 한 그루의 나무를 심듯이 하는 것이 정답일 수 있다. 그 과정 자체가 아름다움이고 기쁨이고 보람일 테다. 우리의 스승 붓다가 그랬다. 그랬기 때문에 그가 붓다다. 사람들은 그런 붓다의 삶을 날마다 좋은 날이라고 했다.

붓다, 그 삶의 자취를 보면 참고가 되지 않을까 싶다. 80년 전에 인연 따라 홀연히 오셨다. 80년 후에 인연 따라 홀연히 가셨다. 때가 되면 기꺼이 인연 따라 밥을 빌어먹고 사셨다. 때가 되면 기꺼이 인연 따라 물싸움판에 들어가 평화의 길을 여셨다. 때가 되면 기꺼이 똥꾼과 같이 냇가에 내려가 손과 발을 씻고 밭둑에 걸터앉아 이야기 나누셨다.

무엇이 부족한가? 무엇을 못하였는가? 붓다, 그는 주어진 삶을 오롯하게 누리셨다. 이보다 더한 자비가 있을까. 이보다 더한 거룩함이 있을까. 뒷날 사람들은 그 삶을 '무상정각'이라 하고, '자유자재'라 하고, '해탈열반'이라 하고, '신통묘용'이라고 했다.

너와 내가 함께 가야 하는 길

60

참모습 그 자리 그 세계엔
분리된 너도 없고 나도 없네.

진여법계 眞如法界
무타무자 無他無自

총론의 경우를 참고하여 뜻으로 잘 풀고 펼쳐서 정리해보자.

> "중도실상의 형상인 인드라망을 있는 그대로 잘 보시게.
>
> 실상은 말로 할 수 없지만 부득이하게 말로 하네.
>
> 참모습을 형상화한 인드라망 무늬
>
> 어디도 분리되어 있지 않네.
>
> 당연히 너 없는 나, 나 없는 너가 없네.
>
> 너와 나는 이웃이고, 동반자네."

어떻게 살아야 하겠는가? 인생을 걸고 가야 할 길은 어떤 길이 겠는가? 붓다는 '무연동체대비(無緣同體大悲)'라고 했다. 그 길을 요샛말로 멋있게 표현하면, 21세기 너나없이 우리 모두 인생을 걸고 가야 할 오래된 미래의 길이라고 하면 적절하지 않을까 싶다.

그대가 나이고,
내가 그대다

61

긴급하게 서로 부응하는 것이 필요한가.
굳이 말을 하자면 너와 내가 둘이 아니네.

요급상응 要急相應
유언불이 唯言不二

총론의 경우를 참고하여 뜻으로 잘 풀고 펼쳐서 정리해보세.

　　　"중도실상의 형상인 인드라망을 있는 그대로 잘 보시게.

　　　실상은 말로 할 수 없지만 부득이하게 말로 하네.

　　　하루빨리 참모습의 사람으로 살고 싶은가.

　　　그물의 그물코처럼 분리된 남남이 없음을.

　　　그대가 나임을. 내가 그대임을 알고

　　　그렇게 사는 것 말고는 다른 길 있지 않네."

이쯤 하고 보면 대충 뜻이 읽힐 법하다. 그렇지 않은가?
"이것저것 찾고 쫓아 다녀봐야 소를 타고서 소 찾는 일이네. 이
제 소 타고 소 찾는 어리석은 짓 그만하시게."

　　지금 그대가 소에 타고 있다는 사실을 바로 알려주는 가르
침이 〈신심명〉이다.

　　유아독존, 본래붓다, 본래면목, 또는 중도연기, 팔불중도,
유식무경, 대도무문(大道無門), 즉심즉불, 지도무난, 자타불이(自
他不二) 등의 표현들이 모두 우리 자신이 소에 타고 있음을 알
려주는 내용이다. 한마디로 그대가 나임을, 내가 그대임을 바로
알고 그 앎을 삶으로 살면 된다는 이야기이다. 삶의 실상, 본래
면목이 '내가 그대이고 그대가 나'라면 지금 당장 말 그대로 '내

가 그대'라는 말에 맞게, '그대가 나'라는 말에 맞게 마음 쓰고 말하고 행동하고 생활하고 역할하면 된다. 그 삶을 어떤 이는 '걷는 것도 선이요, 앉는 것도 선[行亦禪坐亦禪]'이라고 했고, 누구는 '기꺼이 한 그루의 사과나무를 심는다'고 했다. 그렇게 사는 삶을 무사태평이라고 한다. 또한 그렇게 사는 사람을 붓다라고 한다. 그렇게 살면 그가 붓다라는 말에 동의가 되시는가.

단단히 마음먹고
앎을 실천으로 옮겨라

62

둘이 아니므로 모두 다 함께네.
어느 하나도 포용하지 못할 것이 없네.

불이개동 不二皆同
무불포용 無不包容

총론의 경우를 참고하여 뜻으로 잘 풀고 펼쳐서 정리해보자.

> "중도실상의 형상인 인드라망을 있는 그대로 잘 보시게.
>
> 실상은 말로 할 수 없지만 부득이하게 말로 하네.
>
> 참모습을 그린 인드라망 무늬 –
>
> 분리된 너 따로, 나 따로가 아니고
>
> 너로 인한 나, 나로 인한 너네.
>
> 가나 오나 죽으나 사나 우리 함께이네."

〈법성게〉에 "한 티끌 안에 온 우주가 깃들어 있고, 일체 티끌들도 모두 그렇다."라고 했다. 그 정신으로 보면 온 세상 그 누구인들 포용하지 못할 사람, 포용해서는 안 될 사람이 어디 있겠는가. 삶의 실상, 그대의 참모습이 '불일불이(不一不二)', 즉 '그대가 나이고 내가 그대'인 만큼 지금 바로 단단히 마음먹고 정신 바짝 차려서 '자타불일불이(自他不一不二)'가 내 마음 씀으로, 언어로, 행동으로, 생활로, 역할로, 활동으로 나타나도록 해야 한다. 말은 쉬운데 행하기는 어렵다고들 하는데 비장한 마음으로 삼천배, 용맹정진, 장좌불와, 명상 수행하듯이 임한다면 대체 못할 일이 뭐가 있겠는가.

인간은 행위하는 대로 창조되는 존재이다. 불일불이(不一

不二)의 정신을 삶으로 살면 그 사람이 바로 참 수행자요, 붓다인데 이보다 더 좋은 일이 세상 어디에 있겠는가. 도대체 망설일 이유가 무엇인가. 말해보시게.

행위하는 대로 이루어진다

◈

63

온 우주 영원과 무한의 지혜로운 자여.
모두 다 있는 그대로의 참 진리[不二]에 들어갔네.

시방지자 十方智者
개입차종 皆入此宗

총론의 경우를 참고하여 뜻으로 잘 풀고 펼쳐서 정리해보자.

"중도실상의 형상인 인드라망을 있는 그대로 잘 보시게.

실상은 말로 할 수 없지만 부득이하게 말로 하네.

공간적으로 무한, 시간적으로 영원 속에 있는

지혜로운 사람들.

어느 한 사람도 빠짐없이 모두 다 있는

그대로의 참 진리[不二]에 들어갔네."

사람은 행위하는 대로 창조되는 존재이므로 행위한 만큼 창조된다.

　붓다의 참된 앎(깨달음)은 한마디로 '위대한 상식의 발견'이었다. 인간은 본래 중생이므로 업보대로 태어나 신분의 굴레가 씌워진 대로 살아야 하는 노예가 아니다. 자신이 마음먹고 행위하는 대로 즉각즉각 삶이 이루어지는 매우 주체적이고 창조적인 위대한 존재다. 붓다의 가르침은 내생이나 미래에 대한 이야기도 아니고, 전생이나 과거에 대한 이야기도 아니다. 오로지 지금 여기 이야기다. 마치 "배고플 땐 밥 먹으면 바로 해결돼." 하는 것처럼 바로 이해되고 실현되고 경험(증명)되는 것이 붓다의 가르침이다.

지금 여기 일상에서 불일불이의 삶을 사는 사람을 우리는 지혜로운 사람, 깨달은 사람, 깨달음으로 사는 사람, 깨달음을 실천하는 사람, 무상정등정각자, 불교 수행자, 붓다라고 한다. 어떤가? 존재만으로 통쾌하지 않은가. 멋지지 않은가.

영원 그대로 순간이다

64

참모습의 진리여, 길지도⟨빠름⟩ 짧지도⟨더딤⟩ 않네.
한순간이 영원이요, 영원이 한순간이네.

종비촉연 宗非促延
일념만년 一念萬年

진리에 대한 시간적 설명이다. 총론의 경우를 참고하여 뜻으로
잘 풀고 펼쳐서 정리해보자.

"중도실상의 형상인 인드라망을 있는 그대로 잘 보시게.
실상은 말로 할 수 없지만 부득이하게 말로 하네.
있는 그대로의 참모습 진리여, 길지도 짧지도 않네.
끝없는 영겁이 그대로 한순간이요,
한순간이 그대로 끝없는 영겁이네."

누군가가 "참 진리는 시간적으로 영원하다."라고 말했다. 붓다는
뭐라고 했을까? "단견이야." 누군가가 "참 진리는 시간적으로 허
무하다."고 말했다. 마찬가지로 붓다는 "단견이야."라고 했다. 그
리고 붓다는 말했다. "두 극단을 버리고 중도로 하라."라고.

　그럼 중도로 하면 어떻게 될까? 실상은 말로 표현할 수 없
는 것이다. 하지만 부득이하게 말로써 불이(不二)라고 하는 것
이다. 영원한 것과 허무한 것은 둘이 아니다. 분리될 수 없는 것
이다. 다만 적용하는 대상에 따라 '영원하다' 또는 '순간뿐이다'
라고 할 뿐이다. 이런저런 설명도 하고 예를 들고 있기도 하지만
〈신심명〉에서 말하고자 하는 핵심은 줄기차게 두 가지뿐이다.

하나는 '단견', 언제나 반드시 버려야 하는 길이다.

다른 하나는 '중도', 언제나 반드시 가야 하는 길이다.

진리는 있는 곳도 없고,
없는 곳도 없다

65

있는 곳도, 있지 않은 곳도 없네.
시방세계가 그대로 눈앞이네.

무재부재 無在不在
시방목전 十方目前

진리에 대한 공간적 설명이다. 총론의 경우를 참고하여 뜻으로 잘 풀고 펼쳐서 정리해보자.

> "중도실상의 형상인 인드라망을 있는 그대로 잘 보시게.
> 실상은 말로 할 수 없지만 부득이하게 말로 하네.
> 있는 그대로의 참모습의 진리여,
> 있는 곳도 없는 곳도 따로 있지 않네.
> 진리의 참모습이 그물의 그물코이므로
> 눈앞에 보이는 것, 그대로 온 우주이네."

역시 붓다의 시선으로 살펴보자.

"진리가 있는 곳이 따로 있다." 그것은 단견이다. "진리가 있는 곳은 따로 없다." 역시 단견이다. 반드시 두 극단을 버려야 한다. 그리고 있는 그대로의 길인 중도로 봐야 한다. 그러면 실상이 분명해진다. 말로는 할 수 없는 것이지만 부득이하게 말로써 표현하면 참 진리는 무재부재(無在不在), '있는 곳도 없고, 없는 곳도 없네'가 된다. 앞에서 말한 것처럼 단견, 반드시 가서는 안 되는 길이다. 중도, 언제나 반드시 가야 하는 길이다.

한 톨 먼지에
온 우주가 담겨 있다

66

지극히 작은 것이 지극히 큰 것과 함께 있네.
그 한계가 어디인지 경계가 완전히 끊겼네.

극소동대 極小同大
망절경계 忘絶境界

67

지극히 작은 것이 지극히 큰 것과 함께 있네.
찾고 또 찾아도 그 끝의 모습을 볼 수가 없네.

극대동소 極大同小
불견변표 不見邊表

참진리의 범주에 대한 설명이다.

총론의 경우를 참고하여 뜻으로 잘 풀고 펼쳐서 정리해보자.

"중도실상의 형상인 인드라망을 있는 그대로 잘 보시게.

실상은 말로 할 수 없지만 부득이하게 말로 하네.

참진리의 모습이 그물의 그물코이므로

극소(極小), 먼지인 그물코가

극대(極大), 온 우주의 그물코와 함께 있네.

아무리 살펴봐도 어디까지가 지극히 작음인지

어디까지가 지극히 큼인지

그 경계를 알 수 없네. 또는 그 경계가 없네."

〈법성게〉에 "일미진중함시방 일체진중역여시(一微塵中含十方 一切塵中亦如是)"라는 구절이 있다. 극히 작은 한 톨 먼지에 극히 커다란 온 우주가 담겨 있다는 〈법성게〉의 이 표현을 승찬 스님은 '경계가 없음'이라고 표현했다. 앞 구절에서 공부한 것을 참고하면 뜻을 이해하기 어렵지 않을 것이다.

있음에 의지한 없음,
없음에 의지한 있음

◈

68

있음 그대로 없음이요,
없음 그대로 있음이네.

유즉시무 有卽是無
무즉시유 無卽是有

총론의 경우를 참고하여 뜻으로 잘 풀고 펼쳐서 정리해보자.

"중도실상의 형상인 인드라망을 있는 그대로 잘 보시게.

실상은 말로 할 수 없지만 부득이하게 말로 하네.

유(有)와 분리된 무(無)는 없네. 무와 분리된 유도 없네.

굳이 말하자면 유에 의지한 무이고, 무에 의지한 유이네."

붓다와 《중론》의 사유방식으로 이야기해보자.

유와 분리된 무가 있을까? 그것은 극단이다. 그런 무는 없다. 공이다. 무와 분리된 유가 있을까? 그런 유는 없다. 그것은 극단이다. 그런 유는 없다. 공이다. 양극단의 사고방식인 분리된 '유'와 분리된 '무'라는 사고는 즉각 버려야 한다. 반드시 중도의 사고로 해야 한다. 중도의 사고로 응병여약(應病與藥)이 되도록 표현하면, "유에 의지해서 무다. 무에 의지해서 유다. 유와 무는 달라 보이지만 분리되어 있지 않다. 말 그대로 불일불이(不一不二)이다." 반드시 기억하고 기억할 일이다.

중도가 아닌 어떤 것도
지키지 말라

69

만약 이와 같이 안 되는가.
그 밖의 그 무엇도 반드시 지키지 말게.

약불여차 若不如此
불필수수 不必須守

총론의 경우를 참고하여 뜻으로 잘 풀고 펼쳐서 정리해보자.

> "중도실상의 형상인 인드라망을 있는 그대로 잘 보시게.
>
> 실상은 말로 할 수 없지만 부득이하게 말로 하네.
>
> 불일불이(不一不二)하게 안 되는가.
>
> 만약 그렇다면 중도가 아닌 그 어떤 것(단견)도
>
> 절대 지키려고 해선 안 되네."

멈춤과 움직임, 있음과 없음. 사람들이 둘이라고 간주하는 것들에 대해 중도, 응병여약(應病與藥)으로 '불일불이'라고 표현한 것이 아직도 이해가 되지 않는가. 혹 그렇다고 하더라도 습관에 끌려 중도가 아닌 양변, 양극단의 길에 빠져선 안 된다. 양극단의 방식으로 강요되는 모든 것에 끌려가는 것은 절대 금물이다. 아직도 의구심이 있으면, 거듭 사유하고 사유함으로써 중도를 참되게 이해하고 실천하는 실마리로 삼아야 한다. 그래야 가고 싶은 길이 열리게 된다.

일체와 분리된 하나,
하나와 분리된 일체는 없다

70

하나가 곧 일체요
일체가 곧 하나이네.

일즉일체 一卽一體
일체즉일 一體卽一

총론의 경우를 참고하여 뜻으로 잘 풀고 펼쳐서 정리해보자.

> "중도실상의 형상인 인드라망을 있는 그대로 잘 보시게.
>
> 실상은 말로 할 수 없지만 부득이하게 말로 하네.
>
> 있는 그대로의 참모습 자체엔
>
> 하나와 분리된 일체가 없네. 일체와 분리된 하나도 없네.
>
> 부득이하게 하나가 곧 일체요,
>
> 일체가 곧 하나라고 하는 것이네."

붓다와 중론의 사고방식으로 설명을 붙여보자.

그대 머릿속에 들어 있다가 툭툭 튀어나오는 그런 하나, 일체와 분리된 하나가 실제 있을까? 그런 하나는 없다. 공이다. 그렇다면 하나와 분리된 그런 일체가 있을까? 실제 그런 일체는 없다. 공이다. 그럼 공이라면, 아무것도 없는 것인가? 그렇지 않다. 눈여겨 잘 보시라. 일체와 분리된 하나, 하나와 분리된 일체가 없다. 공이다. 역시 그대 머릿속에 들어 있다가 툭툭 튀어나오는 '없다'와는 질적으로 다르다.

 그렇다면 그다음에는 '뭘 어떻게 하라는 거지?' 하는 의문이 일어날 터이다. 귀가 따갑게 들어온 정답, 중도를 떠올리는 것이 좋다. 중도로 보고 본 내용을 굳이 병에 약 쓰듯이 말로 표현한 '불일불이(不一不二)'를 기억하고, 일상적인 사고 언어 생활에 적용하도록 노력할 일이다.

삶과 죽음은
서로 의지하여 있다

71

다만 능히 이렇게만 된다면
어찌 궁극에 이르지 못할까 걱정하겠는가.

단능여시 但能如是
하려불필 何慮不畢

총론의 경우를 참고하여 뜻으로 잘 풀고 펼쳐서 정리해보자.

"중도실상의 형상인 인드라망을 있는 그대로 잘 보시게.

실상은 말로 할 수 없지만 부득이하게 말로 하네.

앞에서 배우고 알게 된 참된 진리가 있었네.

그 진리가 그대의 삶이 되었는가.

만일 그렇다면 심오한 삼매, 궁극의 깨달음

이루지 못할까 걱정할 것이 없네."

우리 머릿속에 들어 있다가 습관적으로 툭툭 튀어나오는 내용은 무수히 많다. 그중에서 대표적인 것이 생사(生死) 문제다. 이 문제를 붓다와 《중론》의 사고방식으로 이야기해보자.

'생은 좋은 거야', 혹은 '죽음은 나쁜 거야' 하는 생각이 우리 머릿속에서 저절로 툭툭 튀어나온다. 그런 생이 '있다'고 한다면 그것은 단견이다. 없다. 공이다. '죽음은 나쁜 거야'라고 하는 그런 죽음은 없다. 그것은 단견이다. 없다. 공이다. 양극단에서 벗어나 중도적으로 실상을 보고 응병여약(應病與藥)으로 설명하면 생(生)과 분리된 사(死)는 없고, 사와 분리된 생도 없다. 생은 사에 의지해 있고, 사는 생에 의지해 있다. 굳이 말로 표현하자면 '생사불일불이(生死不一不二)'이다.

그대 머릿속에 있는 그런 생은 없다. 공이다. 그래도 생에 대한 욕망과 집착으로 할 짓, 못할 짓 다 하며 살겠는가. 당연히 그렇지 않을 것이다. 마찬가지로 '그대 머릿속에 있는 그런 죽음은 없네, 공이네' 한다면, 그래도 죽음에 대한 불안과 공포에 휩쓸려 생에 대한 애착으로 전전긍긍하겠는가. 당연히 그렇지 않을 것이다. 삶의 실상이 그럼에도 불구하고, 나뭇가지를 뱀으로 착각하여 전전긍긍하는 것과 다를 것이 없는 삶을 사는 것이 과연 괜찮은 일인가. 붓다가 사용한 제2의 화살 비유와 연결시키면 이해하는 데 도움이 될 터이니 잘 생각할 일이다.

시작이 곧 완성이다

72

믿는 마음은 둘이 아니요,
둘 아님이 믿는 마음이네.

신심불이 信心不二
불이신심 不二信心

총론의 경우를 참고하여 뜻으로 잘 풀고 펼쳐서 정리해보자.

"중도실상의 형상인 인드라망을 있는 그대로 잘 보시게.

실상은 말로 할 수 없지만 부득이하게 말로 하네.

참다운 신심은 진리의 참모습이 불이(不二)임을

확신하는 것을 뜻함이요,

진정한 둘 아님도 진리의 참모습이 불이(不二)임을

확신하는 것을 뜻함이네."

중도적으로 읽으니 번쩍 떠오르는 내용이 있다. 〈법성게〉의 "초발심시변성정각((初發心時便成正覺)"이다. 참된 진리를 이해하고 확신하고 실제 삶으로 살겠다고 결심하는 초발심 그대로 참진리가 실제 삶으로 실현됨을 뜻하는 정각이다. 요약하면 '초발심 그대로 정각이요, 정각 그대로 초발심'인 것이다. 같은 의미로 연결될 수 있는 서양 도인의 이야기도 생각난다. "가장 깊은 곳은 피부다." '신심불이 불이신심'과 잘 만나고 잘 통한다고 여겨지는데 그대 생각은 어떤가.

중도의 길을 가라

73

언어의 길이 끊어진 자리네.
과거니, 미래니, 지금이니가 발붙일 수 없네.

언어도단 言語道斷
비거래금 非去來今

총론의 경우를 참고하여 뜻으로 잘 풀고 펼쳐서 정리해보세.

"중도실상의 형상인 인드라망을 있는 그대로 잘 보시게.
실상은 말로 할 수 없지만 부득이하게 말로 하네.
참 진리 그 자리는 언어의 길,
마음의 길로는 가닿을 수가 없네.
물론 과거, 현재, 미래의 길로도 마찬가지네.
왜 그런가. 그 모두가 양극단의 길이기 때문이네."

마음의 길, 언어의 길로는 가닿을 수 없다면, 그럼 어떻게 해야 하는가.

붓다가 굴리신 첫 법륜을 떠올려보라. 그대의 머릿속에 있는 양극단의 길은 길이 아니다. 그 길은 죽음의 낭떠러지 길, 절대 가선 안 되는 길이다. 반드시 버리고 떠나야 한다. 그리고 반드시 가야 할 길이 있다. 양극단을 벗어난 있는 그대로의 길, 중도의 길이다. 중도의 길은 어떻게 가는가. 말로 할 수 없는 것이지만 '응병여약(應病與藥)'으로 생각도 하고, 말도 해야 한다. 과거도, 현재도, 미래도 함께 간다. 그렇게 하는 것이 중도의 길, 희망의 길이다.

끝으로 중론의 게송을 옮긴다.

인연으로 이루어진 것을,

나는 말한다. 공이라고,

또한 가명이라고,

또한 이렇게 하는 것(말로 할 수 없지만 부득이하게 응병여약 차원

에서 말로 하는 것)이 중도의 뜻이라고.

인연소생법 아설즉시공(因緣所生法 我說卽是空)

역위시가명 역시중도의(亦爲是假名 亦是中道義)

도법 스님의 수행 이야기

불교 수행의 기본

세상의 파도를 잘 넘어가는 법

새해가 시작되었습니다. 해가 바뀌면 늘 한바탕 수선을 떠는 게 우리네 살림살이기도 하지요. 여러분의 근황도 그렇지요?

최근 몇 년 동안의 우리 삶을 돌아봅니다. 기대와 좌절의 반복이 삶인 것 같습니다. 촛불로 타올랐던 국민들의 열망이 무력에 의지하지 않고도 누군가를 권력에서 내려오게 하고, 새로운 정권을 창출하는 놀라운 일이 있었습니다. 우리들도 깜짝 놀랐고 전 세계가 모두 놀랐지요. 정말 놀라운 일이었기 때문에 많은 사람이 당연히 깜짝 놀랄 만한 기적이 우리 사회에도 일어날 것이라고 기대했습니다. 실제로 남북정상회담 같은 기적 같은 일이 벌어지기도 했지요. 그러나 우리 삶이 정말 변했는지를 보면 여전히 아닌 것 같습니다. 남북관계는 여전히 답보 상태고, 정치권도 여전히 서로 으르렁대기만 하고, 국민들의 삶도 크게 나아진 것 같지 않습니다. 코로나19라는 전염병과 기후위기라는 전 지구적인 문제로 인해 오히려 삶이 더욱 힘들어졌는지도 모릅니다. 그러니까 또 답답해지고 실망도 하게 되는 것이지요.

세상은 우리의 상상을 뛰어넘어 엄청나게 빠르고, 크게 변화하고 있습니다. 우리 주변이나 사회만이 아니고, 지구 전체가 그렇습니다. 예측은 항상 빗나가서 하루 앞도 내다볼 수 없을 정도입니다. 그래서 사람들은 늘 불안합니다.

붓다께서는 이런 현상을 '삼계화택(三界火宅)'이라고 표현했습니다. "인간이 사는 세상은 늘 불안불안하고 위태위태하다. 이렇게 가도 불안, 저렇게 가도 불안, 앉아 있어도 불안, 서 있어도 불안한 게 인생이다."라고요. 어떻습니까. 대부분은 그러한 사실을 잊고 살아가지만, 잘 보면 세상이라는 게 실제로 그렇지 않습니까? '세상이 정말 삼계화택이구나'라고 온몸으로 느끼게 되는 요즘인 것 같습니다.

우리는 이런 세상을 '세파(世波)'나 '풍파(風波)'라는 표현으로 이야기하기도 합니다. 세상의 풍파, 인간 세상은 늘 파도가 치고 있고, 인간은 그 파도 속에서 살아간다는 거죠. 우리가 편안하게 잔잔한 파도만 치면 좋겠는데, 내 뜻대로 되지 않지요. 거의 대부분 거센 풍파를 맞으며 살아야 하는 게 우리 삶이고, 일상이고, 현실입니다.

만약 세상이 불난 집과 같고, 세파와 풍파를 피할 수 없는 것이 현실이고 우리 일상이라면 그때는 어떻게 해야 하겠습니까? 어차피 세파, 풍파 속에서 살아가야 하는 게 인생이라면 말입니다. 그렇다면 실력을 기르는 방법밖에 달리 도리가 없지 않겠습니까. 그 속에서 사는 힘도, 솜씨도, 능력도 길러야 하겠지요.

붓다의 가르침도 그렇습니다. 그런 실력, 세상의 파도를 잘 넘어가는 실력을 제대로 기르라고 하신 말씀이지요. 그래서 우리가 붓다의 진실한 뜻을 제대로 알아야 하는 것이고요. '여래의 진실한 뜻'이라는 말, 어디서 많이 들어본 구절일 겁니다. 맞습니다. 《천수경》 첫머리의 〈개경게(경을 펴는 게송)〉가 떠오르실 겁니다. "원해여래진실의(願解如來眞實意)", '여래의 진실한 뜻을 알기 원합니다'라는 구절입니다.

모든 경전에서 강조하는 게 있어요. 여래의 진실한 뜻에 맞는 내용, 아주 압축하고 압축해서 '다른 건 몰라도 이 말씀만은 틀림없어' 하는 내용인데요. 그게 무엇인지 짐작하시겠습니까? 바로 "자등명법등명(自燈明法燈明) 자귀의법귀의(自歸依法歸依)"입니다. 또 다른 표현으로는 '나를 섬으로 삼고, 법을 섬으로 삼는다'고 합니다.

우리가 거센 바람과 거센 파도 한가운데에서 표류하고 있다면 제일 반가운 게 무엇이겠습니까. 바로 바람과 파도를 피하고 의지할 수 있는 섬이겠지요. 자기 자신을 섬으로 삼고, 진리를 섬으로 삼는다고 하는 말에서 이야기하는 '섬', '피안의 언덕'은 그런 뜻입니다. 풍파 속에서도 안전한 곳, 늘 위태위태하고 불안불안한 삶 속에서도 안전한 곳. 그것을 진리라는 말로, 자신이라는 말로 표현한 것입니다. '자신을 등불로, 진리를 등불로', '자신을 섬으로, 진리를 섬으로', 또는 '자신을 의지처로, 진리를 의지처로' 등 여러 가지 형태로 사용되고 있습니다.

여기에서 분명하게 알 수 있는 것은 '궁극적으로 믿을 수 있는 것은 자신이고, 진리'라는 사실입니다. 그 외에 다른 것은 믿을 만한 것이 못 된다는 겁니다. 우리가 믿고 의지해야 할 곳, 의지해야 할 섬, 의지해야 할 등불, 그것은 자신이고 진리(법)라는 게 붓다의 가르침이고, 여래의 진실한 뜻입니다.

결국 거친 파도가 치는 바다, 삼계화택의 현장에서 본인이 직접 삶의 실력인 반야바라밀의 갑옷으로 무장을 하고 살아야 한다는 뜻입니다. 불안불안하고 위태위태한 사바세계에서 안정되고 멋있고 가치 있는 삶을 창조하는 길은 이 길밖에 다른 길이 없다는 말씀이십니다. 반야바라밀의 갑옷으로 무장하는 그 길만이 우리가 세상의 온갖 풍파 속에 있으면서도 편안하고 홀가분하고 의미 있고 활기차게 살아갈 수 있는 길임을 뜻합니다.

좀 더 생각해볼까요?

우리는 대부분 파도치는 것을 무섭고 위험하게만 생각합니다. 그런가 하면 반대로 파도치는 것을 좋아하고 즐거워하는 사람도 있습니다. 어떤 사람일까요? 그렇습니다. 파도타기 하는 사람입니다. 어째서 그럴 수 있을까요? 파도를 타고 노는 실력이 있기 때문입니다. 실력을 기르면 그렇게 되는 거죠. 파도를 잘 타는 사람이 파도를 즐기듯이 세상풍파를 잘 활용해서 내 삶을 훨씬 더 멋있게, 훨씬 더 자유롭게, 훨씬 더 아름답게 가꾸어 갈 수 있기를 바랍니다.

삼학의 향 찬탄하는 노래

《예불문》의 첫 구절로 이야기를 시작해봅시다. 전통적인 예불은 〈오분향례(五分香禮)〉로 시작합니다.

계향, 정향, 혜향, 해탈향, 해탈지견향
옴 바아라 도비야 훔

이 오분향(五分香)을 잘 해석하고 설명하기가 쉽지 않습니다. 설명을 하더라도 '아, 그렇구나. 그렇게 하면 삶에 큰 도움이 되겠네' 하고 쉽게 공감이 되지 않습니다. 설명하는 사람도 그렇고, 듣는 사람도 그렇고 왠지 고개를 갸우뚱하게 됩니다. 저 역시 늘 석연치가 않습니다. 그래서 좀 어렵기는 하지만 우리가 하는 것이 또 다른 한계가 있다고 하더라도 우리말로 단순명료하게 이해하고 설명하고 실용적으로 활용할 수 있도록 해보자는 뜻에서 삼학의 향으로 설명하려고 합니다.

계학, 정학, 혜학을 삼학(三學)이라고 하지요. 전통적으로 삼학이 불교 수행의 기본이라고 합니다. 그러면 삼학으로 범주화되기 이전에는 불교 수행의 기본이 무엇이었을까요? 바로 중도의 팔정도(八正道)입니다. 붓다께서 일생 동안 하신 불교 수행이 중도의 팔정도입니다. 중도의 팔정도행이 불교 수행의 전부라고 할 수 있습니다. 다른 이야기는 모두 부연설명이라고 보면 됩니다.

실제 불교 수행의 스승이신 붓다의 삶을 잘 살펴보면 불교 수행은 복잡하지 않습니다. 붓다의 위대한 일생도 한마디로 표현하면 중도의 팔정도 삶입니다. 훗날 팔정도를 좀 더 단순하게 범주화한 것이 삼학입니다.

〈오분향례〉의 뒷부분에 해탈향, 해탈지견향이 있지만, 중도의 팔정도행인 계·정·혜 삼학을 제대로 하면 그것만으로도 충분히 괜찮다고 봅니다. 그렇기 때문에 오분향을 삼학의 향으로 정리했습니다.

삼학의 향 찬탄하는 게송

언제 어디에서나
뭇 생명 두루 이익케 하는 큰 자비계의 향기
한결같이 흔들림 없는 큰 선정의 향기
자신의 참모습이 본래 붓다임을 참되게 아는(통찰)
큰 지혜의 향기로
저희 지금 정성 모아 마음의 향로에 사르오니
계·정·혜 삼학의 원만한 향기 온 실상사에 가득하사
우리 모두 다 함께 본래붓다의 삶 살아지이다.

'삼학의 향 찬탄하는 게송'은 삼학의 향기를 찬탄하는 시, 삼학의 향기를 찬탄하는 노래라는 뜻입니다. 삼학의 향기가 무엇일까요? 그리고 삼학의 향기가 잘 피어나려면 어떻게 해야겠습니까?

우리가 부처님께 향을 올리는 것은 상징적인 행위입니다. 신·구·의 삼업, 즉 내 몸과 내 입(말)과 내 마음을 향기롭게 하겠다는 내 발심과 서원을 상징으로 표현하는 행위입니다. 그런데 어떻습니까? 여러분은 부처님 앞에서 그런 마음으로 향을 올리고 계십니까, 아니면 절에서 하는 것이니까 별생각 없이 의례로, 의식으로 그냥 하고 계십니까?

만약 늘 하던 거니까 별 생각 없이 의식으로 향만 꽂고 있다면, 그것은 내용은 없고 형식만 있는 것입니다. 형식에 내용이 담기지 않으면 마치 팥앙금 없는 찐빵처럼 아무 의미가 없게 됩니다. 밥그릇은 상감마마 밥그릇인데, 그 그릇에 담긴 밥은 똥 묻은 밥이면 어떻게 되겠습니까. 아무리 그릇이 멋있어도 똥 묻은 밥이 들어 있다면 그 멋진 밥그릇도 아무 소용없는 것이 되죠.

내용과 형식이 함께 가야 의미가 온전히 살아납니다. 우리가 향을 꽂는 것은 하나의 형식입니다. 마치 멋진 밥그릇과 같지요. 멋진 밥그릇에 담아야 할 좋은 밥, 좋은 내용은 무엇일까요? 신·구·의 삼업, 즉 내 몸, 내 말, 내 뜻을 향기롭게 하겠다는 발심과 서원입니다. 어떤 상황에서도 변함없이, 흔들림 없이, 나약하지 않게, 게으르지 않게 살겠다고 다짐하는 거죠. 어떤 상황에서도 내 몸도 향기롭게, 내 말도 향기롭게, 내 뜻도 향기롭게 하겠다, 내 삶을 그렇게 향기롭게 하겠다는 발심과 서원이 그릇, 즉 향을 꽂는 행위에 담아야 할 내용인 것입니다. 다시 '삼학의 향 찬탄하는 게송'으로 돌아가 보겠습니다.

언제 어디에서나

뭇 생명 두루 이익케 하는 큰 자비계의 향기

한결같이 흔들림 없는 큰 선정의 향기

자신의 참모습이 본래 붓다임을 참되게 아는(통찰)

큰 지혜의 향기로

어떻습니까? ① 자비롭게 마음 쓰고 자비롭게 말하고 자비롭게 행동하면 이것이야말로 진짜 향기 아니겠어요? ② 한결같이 흔들림 없다는 것도 마찬가지지요. 누가 나를 흉보고 욕하고 비난해도 화내지 않고, 잘 생겼다느니 똑똑하다느니 칭찬을 받아도 들뜨지 않는 것입니다. 칭찬받으면 우리 마음이 어떻게 될까요? 들뜨게 되죠. 들뜨게 되면 잘난 척하게 되고, 잘났다고 하며 행세하려 들기도 하지요. 그 반대도 마찬가지입니다. 우리 마음은 칭찬과 비난, 성공과 실패, 이익과 손해 등 닥쳐오는 파도에 흔들리고 맙니다. 그런데 그런 여러 가지 상황에 직면하더라도 늘 평정을 유지하는 사람이 있다면, 그 사람의 태도가 향기롭다고 할 수 있지 않겠습니까. 삼계화택의 풍파 앞에서도 언제나 의연히 흔들림 없이 평정을 유지하는 것을 선정의 향기라고 합니다.

③ 자신의 참모습이 본래 붓다임을 참되게 아는 것을 향기

롭다고 할 수 있을까요? 고약한 팔자가 좋은 팔자로 고쳐져 반야바라밀 행자로 살아가면 어떻습니까. 당연히 향기롭다고 할 수 있겠죠. 그렇잖습니까? '참 좋다!', '멋있다!', '야, 괜찮네!' 그렇게 말하겠지요.

자신을 죄 많은 업보중생이라고만 알고 있다가 이 세상 최고의 존재, 내 삶을 내 마음대로 창조해갈 수 있는 존재, 즉 본래부처라는 것을 확실하게 받아들이는 순간이 바로 내 팔자가 바뀌는 순간이죠. 업보중생에서 본래부처로 팔자가 바뀌는 겁니다. 자, 업보중생으로 살 때 그 삶이 당당하겠습니까, 본래부처로 살 때 그 삶이 당당하겠습니까? 다른 말로 표현하면, 업보 중생으로 사는 건 노예로 사는 것이고, 본래부처로 사는 것은 주인으로 사는 것입니다. 어떤 삶이 당당하겠습니까? 당연히 본래부처로 살 때겠지요. 정말 당당한 삶이야말로 멋있고 향기로운 삶이라고 해야 마땅할 터입니다.

사실 제대로 짚어보면 정말 어마어마한 문제입니다. 우리가 소를 타고 소를 찾는 바보 같은 존재가 아니라 소를 타고 내 뜻대로 자유자재하게 일도 하고 놀기도 하는 존재라는 이야기입니다. 내가 신, 운명, 죄업의 노예라면 내 몸과 마음을 내 마음대로 할 수 없죠. 반대로 주인이라면 내 뜻에 따라 자유자재로 삶을 창조해가는 것이 가능하죠. 얼마나 멋진 일입니까. 진정한 희망임에 틀림이 없습니다. 실제 내용을 참되게 알기만 하면 사람들이 쌓아 모으는 지식이 많거나 적거나 관계 없고, 남자거나 여자거나, 나이가 많거나 적거나 다 관계가 없어요. 본인이 정신 차려서 마음 먹은 대로 가고 싶으면 가고, 오고 싶으면 오고, 바로바로 된다는 말입니다. 정말 어마어마한 기적이죠.

우리는 '소 타고 있는 것'을 '본래부처'라고 표현하고 있습니다. 그런데 어떤 사람은 소에 타고 있다는 사실을 모른 채 계속 소를 찾아 헤매고, 어떤 사람은 소에 타고 있다는 사실을 잘 알아서 소를 내 뜻대로 자유자재로 부리면서 살아갑니다. 어느쪽이 본인이 원하는 삶인가요? 당연히 후자겠지요. 중요한 것은 내가 소를 타고 있다는 사실을 잘 아는 것입니다. 불교, 깨달음으로 살아가라고 하는 모든 다양한 가르침, 즉 유아독존, 본래붓다, 창조주, 즉심즉불, 일심동체, 본래면목, 동체대비, 법성원융, 수처작주 등이 다 같은 말입니다.

우리가 본래붓다라는 말에 걸맞은 존재가 되려면, 바로 이 사실, 소에 타고 있다는 것을 알고 살아야 합니다. 이 사실을 모르면 계속 소를 찾아 헤매게 되므로 현재의 삶을 본래붓다의 삶이 되도록 할 수가 없게 됩니다. 그런데 반대로 소에 타고 있다는 사실을 알면 어떻게 될까요? 당연히 바로 내 마음 따라 자유자재로 소를 부리며 살면 돼요. '오른쪽으로 왼쪽으로, 앞으로 뒤로' 하고 소를 부리는 거죠. 혹 상황이 그렇게 할 필요가 없을 때에는 '너는 너대로 풀 뜯고 놀아라. 나는 나대로 낮잠이나 자련다' 하는 거죠. 얼마나 여유만만합니까. 얼마나 자유자재합니까. 얼마나 위풍당당합니까. 한번 그렇게 살아봅시다.

불교란 바로 깨달음으로 살라는 가르침입니다. 본래붓다인 줄 알고, 또는 소 타고 있다는 사실을 알고, 또는 노예가 아닌 주인임을 알고 살라고 말하고 있는 겁니다. 자신이 본래붓다라는 사실을 참되게 알면 팔자가 '완전히' 달라진다는 말입니다. 지옥에서 바로 극락으로 올라가는 격이니 얼마나 대단한 일입니까.

정리하는 차원에서 우리가 어떤 마음으로 향을 올려야 하는지 다시 음미해보겠습니다.

언제 어디에서나
뭇 생명 이익케 하는 큰 자비계의 향기
흔들림 없는 큰 선정의 향기
자신의 참모습이 본래 붓다임을 참되게 아는(통찰)
큰 지혜의 향기로
저희 지금 정성 모아 마음의 향로에 사르오니
계·정·혜 삼학의 원만한 향기 온 실상사에 가득하사

우리 모두 다 함께 본래붓다의 삶 살아지이다.

그리고 우리의 발심과 서원을 담아 지극한 마음으로 삼학의 향을 올리는 진언으로 매듭을 짓습니다.

삼학의 향 올리는 진언
옴 바아라 도비야 훔

어떻습니까. 우리가 무슨 향을 왜 올리는지 알아보니 변화한 게 있으십니까? 어떤 상황에서도 변함없이, 흔들림 없이, 나약하지 않게, 게으르지 않게 살겠다는 서원으로 자신의 삶을 향기롭게 가꾸어 나가시길 바랍니다.

계율의 근본은 동체대비의 실현

이쯤에서 한 가지 더 이야기해야 할 게 있는데, 바로 계율에 대한 것입니다. 계율은 처음에 왜 만들어졌을까요? 우리는 계율이 만들어진 본래 취지에 대해서는 거의 망각한 채 사는 것 같습니다. '계율'이라고 하면, '고기를 먹으면 안 된다', '술을 먹지마라' 등등 뭔가 복잡하고 까다롭고 딱딱하고 불편하고 엄격하고 부자유스럽게 하는 무엇을 떠올립니다. 하지만 실제는 그렇지 않습니다. 계율은 공동체 구성원들이 함께 지켜야 할 규칙을 뜻합니다. 이 규칙을 오계(五戒), 십계(十戒)라고 합니다.

'산목숨을 해치지 마라', '주지 않은 것을 갖지 마라', '거짓말을 하지 마라', '건전하지 못한 이성교제를 하지 마라', '정신을 혼미하게 하는 술, 약을 가까이하지 마라' 등인데, 불교인만이 아니라 인간이면 누구나 다 지켜야 할 상식과 교양인 것이죠.

실상사에 사는 사람들도 함께 지켜야 할 규칙이 있습니다. 실상사에 거주하는 사람들, 책임을 갖고 일을 해야 하는 사람들이 지켜야 할 규칙이 있고, 신도님들이나 주민들이 지켜야 할 규칙도 있죠. 물론 처한 입장에 따라 지켜야 할 규칙은 상대적으로 차이가 있을 수밖에 없습니다.

예를 들어 실상사에 머물고 있는 사람들, 또는 책임을 맡아 일하는 사람들은 '아침마다 하는 하루를 여는 법석에 반드시 참석해야 한다'는 규칙을 지켜야 합니다. 반면 신도님들에게 이것은 '권장 사항'이지, 반드시 지켜야 하는 의무는 아닙니다. 그러니까 계율은 일종의 공동체 규칙인데, 공동체의 범주를 어떻게 정하느냐에 따라 여러 형태가 있을 수 있죠.

그런데 이런 공동체 규칙들은 왜 정했을까요? 함께 하는 사람들이 서로 화합해서 잘 살기 위함이죠. 규칙은 기본적으로 개인에게도 좋고, 모두에게도 좋도록 하기 위해 정하는 것입니다. 나에게도 좋고, 너에게도 좋고, 모든 대중에게도 좋은 것, 하는 일도 더 잘 할 수 있도록 하는 것을 뭐라고 표현할 수 있을까요? 저는 한마디로 '대비원력'이라는 말이 된다고 봅니다.

계율의 기본 취지는 동체대비의 실현입니다. 계율이란 형식에 목적이 있는 것이 아니고 함께 하는 사람들, 인연 맺은 사람들, 나아가 이 세상이 서로 화합하여 평화롭게 살아가도록 돕고자 하는 자비행인 것입니다. 하지만 때론 정해진 형식에 따라 계율을 잘 지키는 것이 자비의 실현과는 어긋나게 되는 경우도 있을 수 있습니다. 계율 제정의 근본 취지를 잘 이해하지 못하고 형식에만 매달릴 경우, 계율을 잘 지키려고 하는 것이 오히려 계율 정신에 어긋나고 나아가 화합을 깨뜨리는 결과를 가져올 수도 있다는 의미입니다. 이어지는 이야기가 그 예가 될 것입니다.

어느 날 조실 스님과 시자 스님이 길을 가다가 개울을 만났습니다. 무엇엔가 쫓기는 한 여인이 개울을 건너지 못해 발을 동동 구르고 있었습니다. 순간 조실 스님이 그 여인을 등에 업고 개울을 건네주었습니다. 그 모습을 본 제자는 마음이 불편했습니다. 길을 가는 내내 그 생각이 머릿속을 떠나지 않아 결국 조실 스님께 따졌습니다.

"조실 스님! 출가 수행자는 여인을 가까이하면 안 된다고 하지 않았습니까? 그런데 스님께서 여인을 업고 개울을 건너다니, 도저히 납득할 수가 없습니다."

'출가한 스님은 이성의 몸에 손을 대면 안 된다'고 하는 것은 중요한 계율 중 하나입니다. 지금도 동남아시아 지역에서 대단히 엄격하게 지키는 계율입니다. 예를 들어 여자아이가 귀엽다고 쓰다듬어주거나 여자로부터 물건을 직접 받는 것 등이 안 됩니다. 기본적으로 형식만 놓고 보면 불교 계율이 그렇습니다. 그렇기 때문에 제자의 눈에는 스승의 행동이 실망스러웠던 겁니다.

만일 여러분이 그때 스님이었다면 어떻게 하시겠습니까? 개울가에서 발을 동동 구르고 있는 여인을 건네주시겠습니까, 아니면 버려두고 그냥 가시겠습니까? 달리 말하면 계율을 지키겠습니까, 자비를 실천하시겠습니까?

앞에서 계율을 만든 목적은 동체대비를 실현하기 위해서라고 했습니다. 취지로 보면 당연히 그 여인을 건네주는 게 맞지요. 그냥 놔두면 그 여인의 인생이 파멸로 떨어질지도 모르는 급박한 상황입니다. 명심할 것은 '계율'이라는 형식에만 얽매이면 안 된다는 사실입니다. 정말 지혜가 필요합니다. 어떤 경우에는 계율의 형식을 잘 지키는 것이 오히려 더 큰 파계가 될 수 있습니다. 반드시 중도적으로 상황에 맞게 하는 지혜로운 실천과 응용이 필요합니다. 그런 이유 때문에《예불문》의 삼학의 향을 말할 때 계율 제정의 근본 취지를 살리고자 "뭇 생명 두루 이롭게 하는 큰 자비계의 향기"라고 못 박았던 것입니다.

자, 그러면 이야기 속의 조실 스님은 어린 시자에게 뭐라고 답했을까요?

"나는 그 여인을 개울가에서 이미 내려놓고 왔는데, 너는 아직도 그 여인과 함께 있느냐."

지금까지 실상사 전체 대중이 아침마다 함께 하는 '하루를 여는 법석'의《예불문》에서 '삼학의 향 찬탄하는 노래'를 가지고 이야기해봤습니다. 여러분도 이 뜻을 잘 새겨보면 좋겠습니다. 일주일에 한 번, 열흘에 한 번 정도 그 속에 담긴 근본 뜻을 새겨본다면 옳고 바람직한 신행 생활이 되지 않을까 싶습니다.

간화선 수행의 기본

간화선, 팔만사천법문을 녹여내는 용광로

우리는 살면서 참 여러 가지를 하게 되는데 그중에서도 스님, 이 산중에서 나에게 부여된 가장 대표적인 일이 법문하는 것입니다. 따지고 보면 법문이라고 하는 것은 듣는 사람들에게 삶의 안목이 열리도록 하는 일입니다. 한 사람, 한 사람이 자기가 걸어가야 할 방향과 길에 대해서 '아, 저 방향으로 걸어가면 되겠구나' 하고 불신이나 의심이나 혼란스러움 없이 확신하도록 해주는 게 법문인 셈입니다.

그렇게 생각하면 제일 중요하고 어려운 일이 법문하는 일이라는 생각이 듭니다. 스스로 부끄러운 마음도 있고, 또 사람들에게 미안한 마음이 들기도 하고요. 요 근래 나이가 들면 들수록 법문하는 것이 더 어렵습니다. 오늘도 주어진 소임의 하나로 법문을 해야 되는데 무슨 이야기를 해야 될까 궁리를 해봐도 적절한 내용이 잘 안 떠올라서 전전긍긍했습니다. 마침 이번에는 코로나19와 사회적 거리두기 때문에 스님들만 모여서 안거 의식을 한다고 하기에 그럼 간화선 이야기를 해야겠다는 생각을 했습니다.

분명한 것은 간화선이라고 해도 우선적으로 전제해야 할 것은 불교 수행이라는 점입니다. 잘 알다시피 불교 수행의 기본은 중도의 팔정도와 계·정·혜 삼학의 수행입니다. 실상사에서는 삼학 수행을 "언제 어디에서나 뭇 생명 두루 이익케 하는 큰 자비계의 수행, 한결같이 흔들림 없는 큰 선정의 수행, 자신의 참모습이 본래붓다임을 참되게 아는 큰 지혜의 수행"이라고 정리하고 있습니다. 거듭 강조하는데 무슨 수행을 하든 불교 수행의 기본인 삼학 수행을 근본 토대로 삼고, 그 토대 위에서 해야 합니다. 간화선 수행도 마찬가지입니다. 이 점을 반드시 명심해야 합니다.

저 개인적으로는 선방에 살고 있지 않지만 불교의 사상과 정신을 대단히 잘 압축해서 담아내고 있으면서 매우 실용적으로 즉각적인 효과를 볼 수 있도록 하는 탁월한 수행 방법이 간화선이라고 생각합니다. 요즘은 간화선이 천덕꾸러기처럼 취급되는 경향이 있는데, 우리가 철없이 가볍게 생각하는 것 아닌가 하는 생각이 들어 걱정입니다. 한국불교의 전통으로 자리 잡아왔던 간화선이 정말 무엇인지, 천덕꾸러기로 취급되어도 괜찮은 것인지 하는 문제의식으로, 지극하게 공들여서 많은 대화와 토론 학습과 연마의 과정을 거친 다음에 천덕꾸러기 취급을 해도 늦지 않다고 봅니다. 그런 차원에서 오늘 제가 말씀드리는 간화선 이야기는 다른 분들과는 관계가 없고 오로지 제 나름대로 정리한 것을 진솔하게 설명해 보는 것입니다.

우리는 보통 간화선을 대신심(大信心)과 대분지(大憤志), 대의정(大疑情)의 3대 체계로 설명합니다. 차근차근, 하나씩 함께 보겠습니다.

먼저, 첫 번째 대신심(大信心)입니다. '자신의 참모습이 본래부처라는 확신', '본래부처에 대한 이해와 확신으로 불교(화두) 수행을 하면 그 자체가 깨달음의 수행, 본래붓다의 행이 된다는 확신'입니다.

여타의 수행도 마찬가지지만 저는 특히 간화선을 제대로 하려면 대신심을 바르게 확립하는 것이 핵심이라고 봅니다. 제가 그동안 보고 배운 기억을 더듬어보면 그 부분이 늘 아쉬움으로 남아 있습니다. 보통 우리는 선방에서 자신의 본래면목을 찾아야 된다, 깨달아야 된다는 등의 표현을 하기도 하고, 또 다른 개념으로는 본래부처임을 깨달아야 한다, 참되게 잘 알아야 한다고 하기도 합니다. 본래면목이라고 표현이 되든, 본래부처라고 표현이 되든, 제 나름대로 정리한 바에 의하면 붓다께서 깨닫고 제시한 중도, 연기의 실천론과 세계관의 정신을 실천 주체로 인격화한 것이 본래부처, 본래면목의 개념이라고 봅니다.

그렇게 봤을 때 대부분 습관적으로 '인간은 죄 많은 업보중생'이라는 전제 위에서 불교를 하고 있는데, 과연 괜찮은 것인가, 심각한 자기모순이 아닌가, 하는 의문을 갖게 됩니다. 잘 알고 있듯이 붓다께서 "법은 여래의 출현, 깨달음 여부와 관계없이 본래 있었다. 여래는 그 법을 발견하고 열어 보였다."고 하고 있습니다. 그뿐입니까. 붓다의 탄생게도 보십시오. 깨닫고 깨닫지 못하고에 관계없이 본래 "천상천하 유아독존"이고, "삼계개고 아당안지" 행자입니다. 붓다가 발견한 본래 있는 법의 정신을《화엄경》에서는 본래부처로, 선불교에서는 본래면목으로 전개된 것으로 읽힙니다. 초기 선불교의 자료인《혈맥론》등에서는 "견성하면 부처고 견성하지 못하면 중생이다.", "견성하고 하는 것이 불교 수행이고, 견성하지 않고 하는 것은 불교 수행이 아니다."라고 하고 있습니다. 지역과 시대에 따라 표현의 변화는 있었지만 뜻하는 바는 같은 맥락으로 이어져 왔다고 보입니다. 따라서 본래부처, 본래면목과 견성론은 맞닿아 있는 것으로 해석할 수 있습니다.

그런 점으로 미루어 볼 때, 본래부처론에 대한 투철한 학습과 탁마를 통해 그 내용을 잘 파악하고 이해하고 확신하는 것이 절대적으로 중요합니다. '대신심'이라는 말 속에 첫 번째 들어 있어야 할 내용은 바로 이 부분입니다. 자신의 본래면목, 본래부처로 표현되는, 존재 자체 또는 자기 자신 자체의 참모습이 본래부처라는 점에 대해 적어도 우리의 상식과 지성으로 학습하고 탁마해서 '아, 그렇구나' 하고 잘 이해하고 확고하게 확신하는 것. 이것이 '대신심'이라는 말 속에 들어 있어야 할 첫 번째 내용이라는 이야기입니다.

두 번째는 본래부처에 대한 확신으로 본인이 선택한 화두(또는 염불, 진언 등등) 수행을 해가면 반드시 즉각즉각 효과를 보게 된다는 확신입니다.

세 번째는 혹 명료하지 않아서 혼란스러울 때는 반드시 스승 또는 도반과 성찰적 대화와 토론을 통해 정리하고 바로잡는 것이 최선의 길이라는 확신입니다.

다음, 두 번째는 대분지(大憤志)입니다. 일반적으로 우리는 '대분지'라고 하면 장좌불와나 용맹정진을 떠올립니다. 목숨을 걸고 극기 훈련하듯이 해야 된다는 생각을 하고 고행주의자들처럼 극단적으로 하는 경우가 많습니다. 그 결과로 나타나는 폐단이 매우 우려스러운 현실이기도 합니다.

"힘을 잘 쓰는 장사는 호랑이 잡을 때 쓰는 힘을 잠자리 날개를 찢는 데도 똑같이 쓴다."는 옛말이 있습니다. 마찬가지로 간화선 3대 체계의 하나인 대분지라는 말의 의미도 막연한 짐작과는 다릅니다. 오히려 극단적 태도와 방식과는 정반대로 중도의 팔정도, 즉 정신 바짝 차리고 매 순간순간 차분하게, 침착하게, 치밀하게, 평온하게, 지속적으로, 줄기차게, 성실하게, 끊임없이 하는 것을 의미합니다.

내용으로 보면 요즘 위빠사나 이야기, 명상 이야기를 하는 곳에서 중요하게 세세하게 다뤄지는 내용들이 '대분지'라는 이 한 마디에 다 담겨 있다고 보아도 되지 않을까 싶습니다.

마지막으로 세 번째는 대의정(大疑情)입니다. 말 그대로 화두를 간절하게 드는 것입니다. '이뭣고' 화두를 들기도 하고, '뜰 앞의 잣나무' 화두를 들기도 합니다. 어쨌든 화두는 삶, 또는 불교의 매우 본질적이고 근원적인 물음에 대한 답입니다. '불법의 심오한 뜻이 무엇입니까?', '불법의 참뜻이 무엇입니까?', '조사가 서쪽에서 온 본의가 무엇입니까?' 더 나아가면 '진짜 불교가 뭐요? 대승불교다, 부파불교다, 선불교다, 교학불교다, 초기불교다, 남방불교다, 북방불교다, 온갖 이름으로 불교 이야기들이 이뤄지고 있는데, 진짜가 뭐요?' 하는 물음입니다. '그중에 특별한 하나가 진짜요, 아니면 당신이 하는 불교만 진짜요? 전체가 다 진짜요? 길이 환해지는 진짜 불교가 뭐요?' 하고 아주 단도직입적으로, 도발적으로 질문하고 있습니다.

질문하는 이 사람들이 불교에 대한 상식이 없는 사람들인가? 그렇지 않습니다. '불교에 대해 교리적인 지식도 쌓고 교리에 맞추어 이것저것 해보지만 뭔가 시원하지가 않다, 확연하지가 않다. 불교를 이야기하고는 있지만 하는 사람도, 듣는 사람도 뭔가 아리송하다, 짙은 안갯속이다, 정말 답답하다, 어찌해야 할지 참 막막하다.' 그렇기 때문에 매우 절실한 마음으로 묻게 되는 겁니다. '안개가 걷히는 진짜 불교가 뭐요?' 더 좁히면 '진짜 중노릇이 뭐요? 진짜 출가 수행자가 어떤 거요?'라고 묻는 겁니다. 본인이 너무나 답답하기 때문에 질문을 안 할 수가 없는 거죠. 그 질문은 자신에게 하는 질문이기도 하고, 스승 또는 우리 모두에게 하는 질문이기도 합니다. 뼛속 깊이 사무치는 질문이기 때문에 그에 대한 대답도 피를 토하듯이 토해낸 한 마디인 것입니다. 그것이 화두입니다.

"뜰 앞의 잣나무"라고 답하기도 하고, "똥 묻은 막대기"라고 답하기도 하고, "삼베가 서 근"이라고 답하기도 하고, "없다."
라고 답하기도 하고, "이뭣고."라고 답하기도 합니다. 여러 형태
로 답을 하는데, 그걸 우리는 화두라고 얘기하는 거죠. 그 화두
를 잘 들어야 된다는 뜻에서 강조한 말이 '대의정'입니다.

　　대신심, 대분지, 대의정은 글자 그대로 큰 신심이 있어야
한다, 큰 분지가 있어야 한다, 큰 의정이 있어야 한다는 이야기
입니다. 대부분의 사람들이 '크다[大]'는 말 때문에 엉뚱하게 해
석하는 경향들이 있는데, 꼭 그럴 필요는 없다고 봅니다. 물론
이런저런 해석들이 가능합니다. 하지만 중도연기로 표현된 불
교 세계관과 정신, 또는 본래부처, 본래면목으로 표현되는 불
교 세계관과 정신에 맞게 매 순간순간 마음 쓰고 행동해야 한다
는 뜻으로 해석되어야 합니다. 대의정이라는 말도 마찬가지입
니다. 모든 것을 압축하고 압축해서 다 녹여내는 것이 화두임을
명심해야 합니다.

　　앞에서 대분지에 대해 설명할 때와 마찬가지로 대의정이
란 진실함, 간절함, 지극함, 한결같음으로 화두를 든다는 의미입
니다. 고양이가 쥐를 잡기 위해 오롯하게 집중하듯이, 집 나간
외아들을 간절히 그리워하는 어머니처럼 해야 한다고 비유를
합니다. 한번 생각해 보십시오. 지극함, 간절함의 극치인 고양
이와 어머니의 모습과 마음 씀 어디에 극기 훈련하는 기운이 있

습니까? 오히려 그 모습은 중도의 팔정도 정신과 사고방식으로 꽉 차 있다고 설명해야 타당하다고 봅니다. 구체적으로는 "왜 '뜰 앞의 잣나무'라고 했는가?", 또는 "어째서 '무(無)'라고 했는가?" 하고 간절한 마음으로 화두에 대한 의심을 일으키고 또 일으키라는 말입니다.

앉으나 서나, 자나 깨나 매 순간순간 "왜 '뜰 앞의 잣나무'라고 했을까? 불법의 대의를 물었는데, 왜 '뜰 앞의 잣나무'라고 했을까? 잣나무라고 표현한 그 스님의 뜻하는 바가 무엇인가?" 하고 의심하고 또 의심하고, 의심하고 또 의심하는 겁니다. 앉아서도 하고 서서도 하고 걸으면서도 하고 누워서도 하고 할 수 있는 한 나의 모든 존재를 바쳐서 노는 입에 염불하듯이 간절히 화두를 드는 거죠.

선불교에서는 화두를 용광로와 파리에 연결시켜 설명합니다. 용광로가 뭡니까? 들어오는 것은 무엇이든지 다 녹이는 화로입니다. 대승불교도, 선불교도, 초기불교도, 교학불교도 들어오면 녹입니다. 그뿐이겠습니까. 유도 무도, 이쪽과 저쪽도, 탐·진·치 삼독도, 억만 겁의 죄업도, 선악 시비도, 기독교도, 유교도, 과학도, 사성제·공·유식 등의 교리도 들어오면 녹입니다. 어쩌면 삶에서 우리가 직면하고 있는 그 어떤 것, 그 어떤 하나도 예외 없이 들어오기만 하면 다 녹여낸다는 이야기입니다. 불교의 원형인 붓다의 삶과 가르침에서는 같은 내용을 "중도로 하면 양극단이 다 떨어져 나간다, 양극단이 다 녹아내린다."라고 설명하고 있습니다.

그렇게 연결시켜 보면 화두를 드는 것이야말로 바로 중도행인 것입니다. 붓다가 어떤 사람입니까? 일생을 양변, 양극단에 빠지지 않는 길, 또는 떨어져 나가는 길인 중도행으로 살아간 사람입니다. 따라서 화두 드는 것 자체가 중도행의 하나인 셈입니다. 그러니까 화두는 양극단을 떨어져 나가게 하기도 하고, 실상을 드러나게 하기도 하는 중도행인 것입니다.

파리도 마찬가지입니다. 파리는 세상에 못 가는 데가 없습니다. 부처님 머리에도 가고, 임금님 얼굴에 앉기도 합니다. 좋은 사람과 나쁜 사람도, 남자와 여자도, 잘난 놈과 못난 놈도 가리지 않습니다. 그뿐입니까. 똥통에도 가고, 시체에도 가고, 더러운 곳과 깨끗한 곳, 좋은 곳과 나쁜 곳 할 것 없이 못 가는 데가 없습니다. 그런데 딱 한 군데 못 가는 데가 있습니다. 바로 용광로입니다.

여기서 파리는 우리가 늘 문제 삼는 분별망상을 가리킵니다. 분별망상도 파리와 마찬가지입니다. 어디든 못 가는 데가 없습니다. 그렇지만 똥파리가 용광로엔 발을 못 붙이듯이 그 어떤 분별망상도 용광로인 화두에는 발붙이지 못합니다. 즉각 떨어져 나갑니다. 화두가 타파되고 깨달음이 이루어진 먼 훗날 해결되는 것이 아니라 지금 화두를 드는 순간순간마다 번뇌망상이 즉각 즉각 발붙이지 못한다, 떨어져 나간다는 이야기입니다. 그 영험이, 위력이 대단히 놀랍습니다.

그렇지만 명심해야 할 것이 있습니다. 잘 알고 있듯이 용광로는 저절로 용광로가 되지 않습니다. 끊임없이 가열 차게 불을 때야 용광로가 됩니다. 화두도 마찬가지입니다. 끊임없이 간절한 마음으로 화두를 챙겨야 화두가 용광로로 작용을 하고 신통미묘한 위신력이 발휘됩니다. 한마디로 "원리 전도몽상 구경열반(遠離 顚倒夢想 究竟涅槃)"이 되는 거죠.

실제 내용을 좀 세밀하고 치밀하게 하나하나 짚어서 정리해보면 그 위신력이 특별한 상황에서 발휘되는 것이 아닙니다. 화두를 한 번 들면 한 번 하는 만큼 그 자리에서 바로 그 순간, 두 번 들면 두 번 하는 만큼 바로 그 순간, 즉각즉각 분별망상이 녹아 떨어지도록 되어 있는 것이 화두라는 이야기입니다.

간화선, 팔만사천법문을 압축하여 단순명쾌하게 제시한 수행론

그러니까 팔만사천법문으로 표현되는 불교와 불교 수행을 잘 녹이고 압축해서 아주 단순명료하게 제시한 것이 간화선인 거죠. 그런데 안타깝게도 우리가 옛 스승들께서 피땀 흘리는 큰 자비심의 노력으로 길을 잘 제시해줬는데, 정작 그 후손들이 그 본뜻을 제대로 연구하고 탐구하여 잘 소화시키지 못하고 안일하게 건성건성 적당적당하게 하고 있는 것 같습니다. 그러면서 마치 간화선에 큰 문제가 있는 것처럼 괜히 원망하고, 나아가 천덕꾸러기 취급하는 큰 과오를 범하고 있는 것이 요즘의 우리가 아닌가 싶습니다.

대의정, 간절한 마음으로 화두를 들 뿐 아무 조건이 없습니다. 깨닫기 위해서 화두를 드는 것도 아니고 부처 되기 위해서 화두를 드는 것도 아닙니다. 이 부분은 본래부처에 대해 잘 정리하면 깨달음의 문제라든가 부처 되는 문제가 명료하게 정리됩니다. 본래부처 문제를 잘 정리하고 보면, 거기서 이미 정리되었기 때문에 화두 드는 자리에 굳이 깨달음을 이루네, 부처가 되네, 삼매에 드네, 하는 것들이 끼어들 필요가 없습니다. 그것을 교리적인 개념으로는 공(空), 무상(無相), 무원(無願)이라고 표현을 하죠. 다른 표현으로 하면 '구하는 마음 없이', '아무 조건 없이 무심으로'라는 표현이 됩니다.

《반야심경》에서 '무소구 무소득(無所求 無所得)' 즉 '더 이상 구할 것도 없고 더 이상 얻을 것도 없다'라고 했듯이 화두 드는 행위 그대로 무소구행, 무소득행인 것입니다. 더 구할 마음도, 얻을 마음도 더 이상 없다는 이야기입니다. 본래 원만구족한 부처인데 뭘 더 구하고 얻으려 하겠어요?《금강경》식으로 하면 '무아행(無我行)', '무주상행(無住相行)', 또는 '응무소주 이생기심행(應無所住 而生其心行)'이라는 말로 표현할 수 있죠. 화두 드는 것이 곧 무주상행을 생활화하는 것입니다. 무주상행이 생활화될 수 있도록 하는 실력을 길러내는 과정이 화두를 드는 과정인 거죠. 화두는 뭘 얻기 위해서 이루기 위해서 드는 것이 아닙니다.

　굳이 첨언한다면 화두는 드는 것이 목적입니다. 들기만 하면 분별망상이 떨어져 나갑니다. 동시에 본래 붓다, 본래면목이 환하게 드러납니다. 그러므로 화두는 잘 되는가 안 되는가, 돈오점수인가 돈오돈수인가, 또는 어떤 경지인가 따위의 분별망상이 설 곳이 없습니다. 혹 묻고 싶으면 스스로에게 지금 화두를 들고 있는가, 하고 물으십시오. 그래서 들고 있으면 계속 잘 들면 되고, 안 들고 있으면 바로 정신 차려서 마음먹고 화두를 들면 되는 것입니다. 그렇게 하면 즉각즉각 번뇌망상이 저절로 떨어져 나갑니다. 바로바로 번뇌망상의 감옥으로부터 해탈하게 됩니다. 그 어떤 번뇌망상(탐·진·치)도 절대 발붙일 수 없습니다. 번뇌망상이 떨어져 나간 자리, 발붙이지 못하는 자리, 바로 그 자리 그 상태가 해탈이고 열반입니다. 참고로 "모든 법은 본래부터 항상 스스로 적멸하네. 불자가 이 도리를 실행하면 맞이하는 매일매일이 부처의 삶이네."라는 게송을 소개합니다. 연결시켜서 깊이 사유하고 음미해보십시오. 고개를 끄덕끄덕할 것입니다. 어려울 것이 없습니다. 하기만 하면 틀림없이 됩니다.

교리적으로 연결시켜 해석한다면 화두를 드는 것 자체가 중도행이고, 부처행이고, 깨달음행입니다. 중도행, 부처행, 깨달음행이 바로 용광로입니다. 화두를 간절하게 지극하게 투철하게 들기만 하면 그 화두가 활활 타는 용광로가 되어서 우리가 문제 삼고 있는 모든 분별망상이 다 녹아나게 된다, 다 떨어지게 된다, 그 자리에 바로 본래면목이, 존재의 실상이 환하게 드러나게 된다는 논리죠.

그럼 어떻게 되는가. 바로 그 순간, 우리는 편안해지고 자유로워집니다. 편안함과 자유로움이 일상적으로, 살아서도 생활화되고 죽어서도 생활화되는 상태를 우리는 해탈과 열반이라고 표현하지 않습니까? 그걸 달리 표현하면 현실적인 행복이라고 표현되는 것과 궁극적인 행복이라고 표현되는 것, 그 두 가지가 다 포함되는 거죠. 여기서도 저기서도, 살아서도 죽어서도 그렇습니다.

오늘은 스님들만 모여 있기 때문에 무엇을 이야기해야 할지 궁리하다가 간화선 이야기를 한번 내놓아보면 좋겠다, 하는 생각이 들어서 제 나름대로 파악하고 정리한 것을 간단하게 말씀드

려봤습니다. 여기는 아마 간화선을 하시는 분도 계실 것이고, 다른 수행을 하는 분도 계실 텐데요. 저는 간화선이 됐든 위빠사나가 됐든 이름과 방법과 형식은 별로 중요하지 않다고 생각합니다. 그 수행이 뜻한 바 내용들을 잘 천착하면 비록 이름이나 형식이 다르다 해도 내용으로서는 우리가 충분히 다 만나고 함께 하게 된다고 봅니다. 또는 때와 장소에 따라서 적절하게 잘 활용하는 것은 결국 우리 자신의 몫이라는 점을 잘 정리할 수 있었으면 좋겠다는 말씀을 드리면서 이야기를 끝내겠습니다. 아무쪼록 한 철을 편안하고 의미 있게 본인에게도 큰 이익이 되고 실상산중에도 큰 힘이 될 수 있도록 잘 지내시기를 바랍니다. 고맙습니다.

도법 스님의

신심명 강의

ⓒ 도법, 2022

2022년 6월 29일 초판 1쇄 발행
2024년 2월 8일 초판 2쇄 발행

지은이 도법
발행인 박상근(至弘) • 편집인 류지호 • 상무이사 김상기 • 편집이사 양동민
책임편집 김소영 • 편집 김재호, 양민호, 최호승, 하다해
디자인 쿠담디자인 • 제작 김명환 • 마케팅 김대현, 이선호 • 관리 윤정안
콘텐츠국 유권준, 정승채, 김희준
펴낸 곳 불광출판사 (03169) 서울시 종로구 사직로10길 17 인왕빌딩 301호
　　　　대표전화 02) 420-3200 편집부 02) 420-3300 팩시밀리 02) 420-3400
　　　　출판등록 제300-2009-130호(1979. 10. 10.)

ISBN 979-11-92476-09-4 (03220)

값 17,000원